HISTÓRIA ILUSTRADA DA CIÊNCIA
da Universidade de Cambridge

HISTÓRIA ILUSTRADA DA CIÊNCIA
da Universidade de Cambridge

em quatro volumes

I. Das origens à Grécia
II. Oriente, Roma e Idade Média
III. Da Renascença à Revolução Científica
IV. A ciência nos séculos XIX e XX

Colin A. Ronan

HISTÓRIA ILUSTRADA DA CIÊNCIA da Universidade de Cambridge

Volume III
Da Renascença à Revolução Científica

Tradução:
Jorge Enéas Fortes

Revisão técnica:
Yedda Botelho Salles
Mestrado em computação e estatística, USP
Pós-graduação em filosofia, UFRJ
Doutoranda em matemática aplicada, UFRJ

Jorge Zahar Editor
Rio de Janeiro

Título original:
The Cambridge Illustrated History of the World's Science

Tradução autorizada da reimpressão da primeira edição inglesa publicada em 1984 por The Press Syndicate of the University of Cambridge e Newness Books

Jorge Zahar Editor Ltda.
rua México 31 sobreloja
20031-144 Rio de Janeiro, RJ
tel.: (021) 240-0226 / fax: (021) 262-5123

[Edição para o Brasil]

Capa: "A lição de anatomia", de Rembrandt, do acervo do Museu Mauritshuis, Amsterdam, Holanda

Crédito das ilustrações no volume final da série.

Reimpressões: 1988, 1990, 1992, 1995, 1997
Impressão: Hamburg Gráfica Editora

ISBN: 85-7110-427-1 (JZE, RJ)

Sumário

Capítulo 7

Da Renascença à Revolução Científica

Durante toda a história da ciência, houve muitas teorias revolucionárias acerca do mundo natural, diversas revisões dos paradigmas abraçados pelo homem para explicar o funcionamento do universo. Essas "revoluções científicas" diferiram em intensidade. Algumas delas, como as grandes revoluções que assistiram à introdução dos paradigmas matemáticos para descrever os movimentos dos planetas, inicialmente entre os babilônios e depois entre os gregos, alteraram significativamente a concepção que tínhamos do universo; outras, tal como o paradigma de Aristóteles a respeito de uma escala da natureza como método de classificar as miríades de criaturas que povoam o mundo, constituíram minirrevoluções, importantes é verdade, mas não suficientemente radicais para provocar uma reorientação da nossa concepção sobre essa matéria. Mas a revolução que mudou a forma de encarar a natureza e que gerou a moderna concepção científica, foi a que começou no século XV e se prolongou até o fim do século XVI. De fato suas conseqüências foram tão grandes que, com toda a razão, muitas vezes a chamam "A Revolução Científica".

Não foi a primeira nem será a última revolução da história da ciência. Em décadas recentes, tem havido muita discussão sobre a maneira pela qual conceitos científicos fundamentais e mesmo "fatos" científicos podem sofrer alterações à luz de uma nova teoria que esclareça idéias consideradas inexplicáveis. Essa nova teoria pode revolucionar o seu campo. Ela será posta à prova pela geração de novos e mais detalhados critérios. Essas considerações de teorias ou paradigmas podem variar em intensidade ou amplitude: algumas podem afetar apenas um único campo da ciência por breve tempo. A revolução científica de 1500-1600, contudo, não apenas afetou todos os campos da ciência como mudou as técnicas de investigação científica, os objetivos que o cientista estabelecia para si mesmo e o papel que a ciência poderia desempenhar na filosofia e até na própria sociedade. Uma mudança tão profunda não poderia acontecer simplesmente por si mesma, mas foi uma modificação geral no modo pelo qual o homem via a si mesmo e ao mundo em que vivia. Foi a mudança conhecida como Renascença.

A Renascença inicia-se na Itália, no século XIV, e suas manifestações precursoras podem ser identificadas nos trabalhos dos poetas

Petrarca (1304-1374) e Boccaccio (1313-1375), cujo humanismo e cuja crença de que sua cultura era a herdeira da Antiguidade clássica lançaram os fundamentos para o advento da Renascença. Subjacente à Renascença havia a influência da literatura clássica, através de manuscritos originais e traduções. Estes abriram uma nova perspectiva da Antiguidade clássica que inspirou escritores e poetas, pintores e escultores, e os imbuiu e aos seus patrocinadores de um espírito humanístico. O efeito começou lentamente, mas adquiriu ímpeto e, então, começou a desafiar o misticismo e o ascetismo que tinham marcado a Idade Média. Assim, em 1450, ainda encontramos Lourenço, o Magnífico, incumbindo seus sábios de traduzir textos clássicos recém-descobertos, e encarregando um amigo de esquadrinhar as bibliotecas à procura de um produto tão típico da erudição medieval como um comentário sobre a *Ética* de Aristóteles. Depois, gradualmente, ocorreu a mudança. O humanismo, estimulado pelo aprendizado clássico, impregnou todos os aspectos da vida cultural, ampliando-a e estendendo suas fronteiras para muito além dos confins do simbolismo religioso, tão caro ao espírito medieval. Começou, de modo crescente, a secularizar as atitudes dos homens, encorajando-os a reconhecer a beleza do mundo natural e não apenas em um mundo limitado pelas imagens sacras.

Ilustração à página 44

Por que a Renascença começou na Itália, que, afinal, nada mais era que um débil conglomerado de cidades-Estado sem uma unidade cultural comum? Por que foi ali que vicejou uma nova apreciação dos valores humanísticos? Parece não haver uma resposta simples: havia o gênio natural do povo, o advento do comércio e o desenvolvimento econômico — o crescimento de fato da expansão capitalista e um elemento de independência política, assim como outras influências um tanto nebulosas. Além disso, o movimento não se iniciou ao mesmo tempo por toda a Itália; começou na Toscana, centro bancário italiano e província com uma tradição de aprendizagem que penetrava não só na corte, como nos claustros, e que era, portanto, particularmente sensível a quaisquer estímulos intelectuais.

A Renascença do século XV assistiu não apenas à redescoberta da Antiguidade clássica, mas também a um novo descobrimento do próprio mundo. Foi uma era de exploração geográfica. Desde que Ptolomeu desenhou seu mapa do mundo no século II d.C., a geografia sofreu forte deterioração na Europa. A elaboração de mapas deixou de ser uma atividade científica, especificando lugares por um sistema de coordenadas, e se transformou numa cosmografia religiosa, na qual o mundo era representado por um disco dividido em alguns continentes que tinham pouca semelhança com sua forma verdadeira, ou mesmo com suas posições corretas. Durante o século XIV, contudo, surgiu um certo número de cartas marítimas do Mediterrâneo que destacavam precisamente as áreas litorâneas, com seus portos e ancoradouros. Então, os portugueses começaram a empreender uma série de viagens de exploração, que conduziu ao estabelecimento de um império ultramarino e à importação de mercadorias, principalmente as especiarias, de grande importância econô-

Ilustrações às páginas 41, 42, 43.

mica. A primeira expedição realizou-se em 1418 e levou à ocupação dos Açores, Madeira e Canárias; expedições posteriores resultaram em vários estabelecimentos de colônias na costa ocidental da África, até Serra Leoa e à anexação das ilhas de Cabo Verde. Por volta de 1500, os portugueses atingiram as Índias.

De todos os exploradores dessa época, o mais famoso foi certamente Cristóvão Colombo. A fama de Colombo se deve ao fato de ele ter descoberto as Américas, embora essa não fosse sua finalidade, nem a de seus patrocinadores, a corte espanhola. Na verdade, seu objetivo era encontrar um caminho para o Extremo Oriente navegando pelo oeste. Seus cálculos eram baseados num estudo de documentos geográficos datados da Antiguidade clássica, bem como de fontes hebraicas, árabes e européias, e continham dois erros básicos, embora, sem eles, ele jamais tivesse tido a coragem de empreender sua viagem. Primeiro, a crença de que a massa terrestre do Extremo Oriente se estendia muito mais para leste; segundo, o cálculo da distância a ser percorrida. Em 1492, ele levantou velas e chegou ao Novo Mundo.

Ilustração à página 45

A descoberta de rotas marítimas e novas áreas do mundo, em especial o totalmente inesperado "Novo Mundo" no Ocidente, teve as mais profundas repercussões no panorama contemporâneo. Ela sublinhava o fato de que os povos antigos, apesar do brilho de sua civilização, não haviam chegado a conhecer tudo o que se deveria conhecer sobre o mundo; isso significava que o homem tinha apenas que observar para que fosse possível fazer descobertas totalmente novas em outros campos.

As viagens de exploração empreendidas por portugueses e espanhóis não consistiam em simples aventuras; elas visavam elevar o prestígio nacional e, acima de tudo, vantagens comerciais. Essas, contudo, não foram as únicas realizações comerciais a terem efeito na Renascença; houve também duas invenções muito importantes: o papel e a imprensa. Ambos são originários da China, e chegaram ao Ocidente através dos muçulmanos. O papel, desenvolvido no princípio do século II d.C. por Tshai Lun (Cai Lun), invadiu os oásis da Ásia central durante os cem anos seguintes ou pouco mais; depois disso, porém, seu progresso foi lento. Durante o século VIII, era fabricado em Samarcanda, e no século X usavam-no para embrulhar mercadorias nos bazares do Cairo, mas foi só após 1150 que se tornou disponível na Europa. A expansão da imprensa seguiu um caminho de certa forma semelhante. Os livros impressos apareceram na China no século IX, e o comércio desse produto se desenvolveu lá imediatamente; um século depois, partes do Corão estavam sendo impressas no Cairo. Os primeiros artigos impressos vendidos na Europa foram cartas de baralho, que não apareceram na Alemanha antes de 1377. A Alemanha também viria a ser o centro irradiador da imprensa, após a invenção do tipo móvel, durante a primeira metade do século seguinte, por Johannes Gutenberg. Essa foi uma invenção decisiva, pois a partir desse momento tornou-se possível imprimir quaisquer livros com o auxílio de um magazine.

Sobre a invenção da imprensa na China, ver volume II, página 65.

A composição por caracteres móveis se espalhou rapidamente por quase toda a Europa. Foi uma invenção da maior importância para aqueles que até então dependiam de manuscritos. Os comentários e os originais não estavam mais sujeitos a ser desfigurados pelos erros dos copistas; e enquanto a cópia era um processo moroso, tedioso, de alto custo e, na sua maior parte, confinado aos mosteiros, a imprensa proporcionava reproduções mais rápidas e baratas. E, uma vez que apenas uma quantidade relativamente pequena de estudiosos podia ler o latim, os impressores começaram a produzir livros em língua vernácula. Isso significava espalhar o novo pensamento da Renascença para muito além dos confins do claustro e da universidade.

Ilustração à página 43

Na Europa, a invenção da composição por tipos móveis coincidiu com outra, a técnica de imprimir ilustrações com chapas de metal gravadas. Originária do vale do Reno e do norte da Itália, na década de 1450, ela também ajudou a propagar o conhecimento na época da Renascença e viria a desempenhar um papel especial em alguns campos científicos. O desenvolvimento da impressão por meio da xilogravura também viria a se mostrar significativo no avanço da ciência. Muito logicamente, a importância desses métodos de impressão não deixou de ser observada por muitos estudiosos, e assim nasceu um novo fenômeno, o advento do estudioso-impressor e do

Ilustração à página 46

estudioso-gravador. Artistas também se voltaram para a arte da gravação. Albrecht Dürer, de Nuremberg, foi um exemplo notável de pintor criativo que apreciava o sucesso material que se podia obter com a confecção de cópias gravadas de seus trabalhos e que, incidentalmente, combinava isso com a impressão de seus próprios livros.

A Reforma

Outro campo em que a impressão desempenharia um papel significativo foi a religião, área onde o humanismo e a independência de pensamento, que a Renascença encorajou, teriam como efeito a fragmentação da cristandade. Certamente, a revolta religiosa não era nova, mas agora havia insatisfação com o poder autocrático de Roma. Na Boêmia, na década de 1420, Jan Hus queria uma liturgia em tcheco em lugar do latim, assim como outras modificações, enquanto fazia fortes objeções à pobreza de muitos clérigos e queria apossar-se de propriedades da Igreja. Seus seguidores foram cruelmente perseguidos. Na Inglaterra, John Wyclif, ex-professor do Balliol College, de Oxford, pregou reformas semelhantes às que seriam reivindicadas por Lutero e Calvino. Ele também se dedicou a traduzir a Bíblia para o inglês. Com a difusão da imprensa e a possibilidade de se imprimir milhares de cópias de traduções das Escrituras no vernáculo, o movimento de reforma da Igreja tomou um ímpeto que deveria levá-la avante e até mais além daquilo que muitos viam como o jugo de Roma.

Hoje, olhando retrospectivamente, tanto tempo passado, não é difícil perceber como a Igreja teve dificuldade em manter a "idade de ouro" da "pura fé" dos primeiros cristãos, sendo sua recuperação a finalidade dos reformadores. Pois, para sobreviver e fazer conversões, a Igreja primitiva fora forçada a assumir alguns compromissos, acomodando-se, de algum modo, aos pensamentos e ao comportamento dos próprios convertidos. Assim foi que alguns costumes pagãos se incorporaram ao cristianismo; ritos de fertilidade transformaram-se em festas e festivais da Igreja. E, quando povos inteiros eram convertidos, como nas terras germânicas, o costume local de comutar a penalidade por um crime através do pagamento em dinheiro foi incorporado por completo. Então, quando a organização da Igreja se tornou mais centralizada e sistematizada, isso deu origem à venda de indulgências, prática que se tornou carregada de abusos.

Assim é que, embora a Igreja a tenha estabelecido com a melhor das intenções, com o correr dos séculos ela se tornou uma fonte de corrupção. Reformas eram necessárias, e embora uma simples correção dos abusos pudesse ter colocado as coisas nos devidos lugares, outros fatores, espirituais, políticos e sociais, que estavam agindo nos trezentos anos antes do despontar da Renascença, decretaram o contrário.

Em resumo, estava montado o palco para um ato ou uma série de atos de regeneração, mas, quando eles chegaram, no início do século XVI, a Igreja não os pôde conter; a cristandade ocidental foi retalhada por um movimento denominado, desde então, a Reforma — e nasceu o protestantismo. Não é necessário salientar que o papado foi obrigado a reagir, desencadeando a Contra-Reforma. Algumas reformas internas foram feitas em meados do século XVI, e a Igreja também reviveu a Inquisição, estabelecida na época medieval para investigar a heresia, a feitiçaria, a magia e a alquimia.

Tudo isso — a Reforma e a Contra-Reforma — viria a ter um efeito profundo no crescimento e na prática da ciência durante a Renascença e por muito tempo mais, como se torna claro quando se traça o progresso da ciência do século XV em diante. Aconteceu em virtude da ética do protestantismo emergente. Por um lado, a atitude protestante em relação ao trabalho encorajou o crescente capitalismo da época no norte da Europa (especialmente na Alemanha) e, por outro, estimulou a pesquisa científica. O estímulo científico foi causado pelo desejo de usar a descoberta para criar uma figura do universo ordeira e coerente com a finalidade de descobrir ainda mais o trabalho de Deus. Isso ajudou a satisfazer uma necessidade sentida por aqueles para quem os caminhos de Deus com os homens deviam ser discernidos mais na Bíblia e na natureza do que nos mistérios dos sacramentos e da Igreja.

Hermetismo

Uma pesquisa feita nas últimas duas décadas mostrou que, durante a Renascença e por algum tempo depois, houve outro movimento que, como a religião ortodoxa, deveria exercer uma profunda influência nos estudos do mundo natural: foi o conjunto de idéias semi-religiosas e quase-mágicas, supostamente atribuído a Hermes Trismegisto e conhecido como hermetismo. Baseava-se em escritos que se pensava serem originários do Egito, da época de Moisés, e que derivavam ou eram inspirados na divindade egípcia Thot, deus do cálculo e do aprendizado e conselheiro de outros deuses do panteão egípcio. Seu equivalente grego era Hermes, e, devido à grande veneração que os gregos tinham pelos mistérios egípcios, ele recebeu, nos tempos helenísticos, a designação adicional de Trismegisto, que significa "três vezes grande".

A procedência dos escritos herméticos seria contestada no século XVII, mas, no século XV, quando esses e outros trabalhos da Antiguidade encontraram seu caminho para a Itália, ninguém questionava sua autenticidade. Afinal, eles chegaram com o que pareciam ser credenciais incontestáveis. O antigo padre da Igreja, Lactâncio, conhecido como o "Cícero cristão" na Renascença, cujos *Divinos preceitos* constituíram as primeiras avaliações latinas sistemáticas da atitude cristã em relação à vida, não tinha dúvidas sobre sua autenticidade. De fato, está claro que ele pensava que Hermes Trismegisto era um pagão aliado ao cristianismo, um verdadeiro exemplo da importância do uso do aprendizado pagão em apoio à fé cristã, e chegou até a citá-lo nos *Preceitos.* Mas Lactâncio foi ainda mais longe, pois o uso, por Hermes Trismegisto, da frase "o Filho de Deus" e sua referência ao "Filho de Deus e da Palavra" levaram Lactâncio a considerar Hermes o mais importante de todos os videntes e profetas da Antiguidade que previram o advento do cristianismo. Mas não se deve confiar apenas em Lactâncio. As credenciais dos trabalhos herméticos foram confirmadas por uma figura do porte de Agostinho de Hippo. Incontestavelmente, Agostinho condenara o que "Hermes, o egípcio, chamado Trismegisto", tinha escrito acerca do modo como os egípcios animavam seus "ídolos" desenhando espíritos neles, mas, mesmo assim, ele também acreditava que Hermes tinha previsto o advento de Cristo.

Por volta de 1460, um dos agentes empregados pelo governante da Toscana, Cosme de Medici, trouxe-lhe um manuscrito grego da Macedônia. Este continha catorze dos quinze tratados que constituíam os escritos herméticos, e sua descoberta causou considerável excitação. Cosme tinha então setenta anos e estava determinado a ler a maior parte daqueles mágicos e místicos trabalhos filosóficos antes de morrer; instruiu então o sábio Marsilio Ficino, que empregava como tradutor e intérprete dos trabalhos provenientes da escola platônica, para voltar sua atenção para o corpo hermético. Ficino era uma poderosa figura intelectual da época; em 1462, foi designado diretor da Academia Platônica de Florença, a qual, situada na Vila Medici de Careggi e possuidora de uma invejável coleção de manuscritos gregos, foi uma precursora das eruditas e científicas academias italianas. Para esse sábio, renunciar ao trabalho sobre Platão e concentrar-se nos documentos herméticos não era, porém, como se pode presumir, uma mudança tão grande, pois a maior parte dos trabalhos herméticos continham pensamentos neoplatônicos, circunstância considerada, na época, como confirmação da crença de que o próprio Platão havia se sentado, alguma vez, aos pés dos sábios egípcios. Ficino certamente estava consciente da reputação dos escritos herméticos e, longe de objetar às instruções de Cosme, parece ter considerado bem-vinda a oportunidade de exercitar sua capacidade em uma tarefa tão valiosa, da qual se aproximou com um misto de temor e admiração.

Sobre o neoplatonismo, ver volume II, página 86.

Não há nenhuma surpresa em relação ao respeito de Ficino pelos escritos herméticos. Eles não só inflamaram a imaginação de seu senhor, Cosme, mas, após sua morte, em 1464, estimularam a curiosidade de seu neto, Lourenço, o Magnífico, que não apenas incentivou Ficino a continuar seu trabalho, como também contratou Sandro Botticelli para fazer uma pintura, *A primavera,* cheia de simbolismo hermético. Contudo, a veneração pelo hermetismo não estava confinada aos Medici e seu círculo. Bernardino di Betto di Biago (Pinturicchio) foi contratado, na década de 1490, pelo papa Alexandre VI para decorar um conjunto de seis salas do Vaticano — os apartamentos Borgia — com afrescos herméticos, e na extremidade oeste da Catedral de Siena há no solo um pavimento de mosaico representando Hermes Trismegisto, executado durante a década de 1480. E por toda parte, fora da Itália e até mesmo no mundo protestante, reverenciavam-se os escritos herméticos.

Ilustração à página 45

Qual era a atração do hermetismo? Sem dúvida, isso se devia em parte ao seu conteúdo mágico, mas, acima de tudo, parece ter tido origem em sua enorme antiguidade. Na Renascença do século XV, isso era um passaporte à respeitabilidade — quanto mais antiga fosse uma cultura, mais *status* possuía. E quanto à aura mística que o envolvia? Essa veneração certamente se devia, em parte, à sua visão aparentemente profética sobre o advento do cristianismo, mas havia mais do que isso. Era um corpo de ensinamento que misturava magia e metáfora, que combinava neoplatonismo com misticismo; continha mistérios acessíveis apenas aos iniciados e magos, e mesmo assim, somente após um período de estudo e meditação. Seu universo era o de esferas aristotélico-ptolomaico, mas guiado por seres divinos e dirigido pela magia, pela astrologia, pela alquimia e pelas outras "ciências" ocultas. Sua filosofia básica era uma forma de gnosticismo que ensinava que o homem é capaz de descobrir elementos divinos dentro de si, promovendo uma afinidade mística entre o mundo e a humanidade, e dava ênfase à doutrina do microcosmo e do macrocosmo. Naturalmente, nem todos os trabalhos da coleção pregam exatamente a mesma coisa; algumas partes referem-se à cabala — esse esotérico misticismo judaico parcialmente baseado na tradição oral, tida como passada por Deus a Moisés, e parcialmente numa elaborada numerologia —, outras, a várias práticas ocultistas, mas, unindo todas elas, havia o que foi chamado de "uma piedade intensa e penetrante". Todo o corpo hermético se referia às tentativas individuais

Ilustração à página 50

de atingir um conhecimento intuitivo de Deus e da salvação, sempre auxiliadas pela figura de Hermes. Foi isso que impressionou Ficino e os outros estudiosos da Renascença.

Sobre as insinuações herméticas nos escritos de Copérnico, ver página 67.

As influências do hermetismo na ciência ficarão claras quando observarmos a revolução desencadeada por Copérnico e sua visão heliocêntrica do universo, mas podemos salientar desde já que o hermetismo agiria como um intenso estímulo à observação científica. Logo depois que esses escritos poderosos e respeitados se tornaram amplamente disponíveis na tradução de Ficino, passaram a exercer uma considerável influência, particularmente notável no século XVII, tanto em alquimistas como em matemáticos: nos alquimistas, porque os ensaios e testes práticos eram todos parte dos recursos necessários para se exercer a magia e, assim, até dos sofisticados magos da Renascença; e nos matemáticos, porque a matemática era um complemento indispensável às operações alquímicas. Mas a matemática atraía os magos por outra razão, maior significado ainda para o novo espírito científico: era a presença, nos escritos herméticos, de uma versão pitagórica do platonismo que exaltava a concepção quantitativa do universo, encorajando o uso da matemática para mostrar relacionamentos e demonstrar verdades essenciais sobre todo o conjunto da criação. No fim do século XVII, quando o hermetismo já havia caído no esquecimento, essa forma de enfrentar os problemas deveria permanecer e se apresentar como o mais avançado instrumento dos cientistas para a compreensão do cosmo.

Sobre o interesse pitagórico numa concepção mística dos números, ver volume I, páginas 74-78.

Por mais de um século, o hermetismo continuou a seduzir homens da Igreja e estudiosos leigos, pois, apesar da oposição da Igreja à magia, à alquimia e ao ocultismo, muitos prelados pensavam que os escritos herméticos eram santificados em razão da profecia cristã que continham. Mesmo um católico tão fiel como Filipe II da Espanha possuía mais de duzentos textos herméticos em sua biblioteca. Durante quanto tempo toda essa filosofia mágica manteve influência é discutível, pois em 1614 Isaac Casaubon provou que os escritos herméticos não eram o que pareciam ser. Protestante de Genebra, Casaubon era em sua época um dos mais brilhantes estudiosos dos gregos — "o homem mais erudito da Europa", como o chamou um contemporâneo. Em 1610, foi convidado para ir à Inglaterra e, com o encorajamento de Jaime I, passou a fazer um estudo crítico de uma recente história católica da Igreja, *Annales ecclesiastici,* escrita por Cesar Baronius, o bibliotecário do Vaticano. A história em doze volumes de Baronius pretendia provar a autoridade das escrituras em todas as práticas da Igreja, e portanto era importante para os protestantes refutar suas afirmações. Casaubon usou seu imenso conhecimento para levar avante sua tarefa e, embutido em seus detalhados comentários críticos à história, mostrou, de forma absolutamente conclusiva, que os textos herméticos não podiam ter sido escritos em época tão antiga. Não eram, certamente, contemporâneos de Moisés; seu estilo e as citações mostravam que deviam ter sido preparados depois do início da era cristã, não antes. O advento do cristianismo a que se referiam os textos não era um exemplo maravilhoso de profecia divinamente inspirada, mas uma mera referência a eventos já ocorridos.

O que se manifestara como uma revelação ao homem da Renascença — um conjunto de textos com um impacto semelhante à descoberta dos manuscritos do mar Morto em nossa época — nada mais era que uma coleção de escritos neoplatônicos. Havia, naturalmente, aqueles que ignoravam a devassa empreendida por Casaubon acerca da idade dos escritos herméticos, ou, se estavam cônscios desse fato, preferiram ignorá-lo e continuar respirando a atmosfera mágica. Mas, gradualmente, essa crítica foi encontrando terreno fértil e começou a fazer os homens darem as costas a essa forma particular de misticismo da Renascença. Por si só, a crítica de Casaubon não fez surgir a nova geração de filósofos como Galileu e Newton, que deveriam transformar a visão que o homem tinha do cosmo; outros fatores também exerceram sua influência. Mas é justo admitir que ela desempenhou seu papel, ajudando a completar o processo de conquistar à magia os estudiosos da Renascença, de tal forma que os do século XVII eram capazes de examinar o mundo natural sem recorrer à magia ou à cabala.

Ilustrações à página 49

Leonardo da Vinci

A menção a Isaac Casaubon nos transportou para além da Renascença, ao século XVII, mas agora devemos retornar ao século XV para examinar um homem que tipifica o período, com seus amplos interesses e sua perspectiva humanitária: o artista, engenheiro e protocientista Leonardo da Vinci (1452-1519). Nascido em Anchiano, na Toscana, era filho ilegítimo de Piero da Vinci, notário público florentino, e de uma camponesa chamada Catarina. O talento artístico de Leonardo logo se manifestou, e seu pai levou-o para Florença e entregou-o aos cuidados do pintor Andrea del Verrocchio. Este era um dos mais destacados artistas de Florença, de modo que em seu estúdio se realizava uma ampla variedade de trabalhos, e foi aí que Leonardo recebeu a maior parte de sua educação informal. Leonardo aprendeu a arte da perspectiva, e suas habilidades mecânicas foram estimuladas, pois Verrocchio não era apenas pintor, mas também ourives e escultor; uma vez que essa atividade envolvia a movimentação de grandes pesos, a talha e o guincho eram equipamentos de uso cotidiano.

Os cadernos de notas de Leonardo estão repletos de projetos de aparelhos mecânicos, muitos dos quais ele não deve ter visto no estúdio de Verrocchio, mas isso não quer dizer que tenha inventado todos eles, ou mesmo qualquer um deles. A Renascença produziu muitos inventores, como atestam outros manuscritos e, mais tarde, livros impressos. Ademais, Leonardo não publicou nenhuma obra. Isso aconteceu com muitos outros inventores que, como ele, não tinham instrução universitária e, portanto, nenhuma prática literária; só lhes restava armazenar em suas mentes as diversas criações, pelo menos até transformá-las em algo concreto a pedido de algum rico membro da sociedade ou do Estado. Não obstante, os esboços de Leonardo revelam um agudo senso de observação e uma mente vivaz. Seu hoje famoso helicóptero pode ter sido realmente idéia sua, mas pode ter sido derivado de histórias sobre as partes superiores dos helicópteros chineses, ou "libélulas de bambu", e vários aparelhos para os quais ele fez esboços admiráveis devem ser encarados sob o mesmo prisma. Por outro lado, seus estudos sobre o vôo dos pássaros, que faziam parte de uma investigação sobre toda a questão do vôo, não seriam suplantados antes de se passarem outros cinco séculos, e eram verdadeiramente originais.

Apesar do que possa ter inventado ou pesquisado, Leonardo não só deixou de publicar, como também não chegou a explorar suas idéias. Essencialmente, ele era um filósofo que desejava contemplar o mundo, regalar-se com suas maravilhas e não transformá-las em valor prático. Mas, embora assumisse essa atitude filosófica, tinha a desvantagem de não saber ler latim. E também não tinha o treinamento básico que o tornasse capaz de desenvolver uma ciência da mecânica. Não obstante, ganhou reputação por sua habilidade nessa área, e em 1482 obteve o posto de inspetor de fortificações do duque de Milão.

Objetos mecânicos não eram, certamente, o único interesse científico de Leonardo. Como todo artista, ele estava intrigado com a luz, embora seu interesse fosse mais científico do que artístico e o tenha levado a fazer profundos estudos sobre a reflexão e a refração, especialmente através do olho. Mas ele mostrou uma concepção de arte um tanto incomum; para ele, "pintar força a mente do pintor a se transformar na própria mente da Natureza, a se tornar um intérprete entre a Natureza e a arte. Isso explica as causas das manifestações da Natureza, forçadas pelas suas leis..." — e eram essas leis que o intrigavam. Não se quer dizer que Leonardo não tenha sido um grande pintor; suas obras revelam um grande talento para a pintura; e seus inúmeros esboços sublinham seu gênio extraordinário como artista. Mas seu interesse ultrapassava os limites impostos pelo desenho e pela pintura, muito embora, por sua falta de instrução formal, ele tivesse que ver o mundo, em primeiro lugar, com olhos de um artista.

Os diversos interesses de Leonardo encaminharam-no à arte da dissecação. Como artista, devia conhecer a anatomia humana e de alguns animais, mas é típico que ele próprio tenha dissecado cerca de trinta corpos. Não foi uma tarefa simples; ele não contava com as modernas técnicas de dissecação que tornam esse tipo de trabalho menos desagradável; além disso, precisava fazer constantes interrupções para desenhar o que via. A fim de fazer tudo isso, era necessária uma grande determinação. No entanto, embora tenha se sentido gratificado, de certa maneira tudo foi em vão. Não publicou nenhum de seus desenhos e não difundiu o que havia aprendido; na verdade, a maior parte de seus desenhos e anotações sobre anatomia permanecem desconhecidos até nossos dias.

Ilustrações à página 49

Leonardo da Vinci foi certamente um homem de ciência, mas em sua época esse aspecto era desconhecido, exceto, talvez, por alguns íntimos. Para o mundo em geral, ele era um mecânico e um artista; sua ciência foi compreendida somente muito depois de sua morte. Certamente, foi uma opção sua, pois, apesar da falta de instrução formal, as invenções da imprensa e da gravura estavam disponíveis, e ele poderia tê-las usado para difundir seu trabalho. Mas ele estava satisfeito em contemplá-lo e estudá-lo em seu próprio benefício; ter o suficiente para as suas necessidades parece ter sido sua única ambição material. Nisso ele foi muito diferente de seu contemporâneo mais jovem, Albrecht Dürer.

Albrecht Dürer

Nascido em Nuremberg, em 1471 e, portanto, quase vinte anos mais moço que Leonardo da Vinci, Dürer também estava convencido de que a "nova" arte da Renascença devia basear-se na ciência, embora desse mais ênfase à matemática, pois sua lógica e precisão eram muito úteis em questões que envolviam proporção e disposição gráfica. Eram esses os assuntos que despertavam sua atenção, bem como a estética e a filosofia da arte. Combinava esses estudos em seu trabalho em perspectiva, a ilusão de três dimensões na pintura e no desenho. Para muitos artistas, o estudo da perspectiva uniu a arte à ciência, e Dürer projetou uma máquina para ajudá-lo nesse estudo. A preocupação de Dürer com questões técnicas levou-o a escrever três livros: um sobre fortificações; o segundo, um *Tratado sobre proporções,* que se tornaria famoso; e o terceiro, *Um tratado sobre medições*. . . que tratava da matemática necessária para se entender o segundo. Esse texto matemático, publicado em 1525, foi o primeiro livro de matemática a aparecer em alemão, se excetuarmos uma simples aritmética básica para construtores, publicada quase quarenta anos antes.

Em sua época, Dürer devia seu prestígio tanto aos seus trabalhos em matemática e em óptica (suas regras estéticas no *Tratado sobre proporções* eram baseadas em sólidos princípios ópticos) como a suas pinturas e desenhos. Com esta última atividade, ele conseguiu ganhar um bom dinheiro, pois gravou muitos de seus trabalhos e fez disso um sucesso comercial, mas apenas em época comparativamente recente é que sua reputação ficou restrita à arte; nos séculos que se seguiram à Renascença, foram seus trabalhos técnicos que exerceram ampla influência.

Biologia na Renascença

Botânica

Uma das composições pelas quais Dürer é lembrado atualmente é o seu desenho de gramados, notável não apenas pela execução e pela técnica artística, mas também pelo estudo apurado da própria grama. Contudo, essa é apenas uma das muitas figuras botânicas e

Ilustração à página 48

zoológicas que produziu, a maioria por observação direta e umas poucas — como o desenho de um rinoceronte — extraídas de esboços enviados por amigos. A precisão e o cuidado dos desenhos de elementos biológicos de Dürer feitos a partir de fontes originais eram uma prática comum na Renascença. Ele não representou as coisas como as antigas autoridades achavam que deviam ser, mas desenhou-as tal como eram realmente vistas. Mas Dürer não era o único a adotar essa prática; Leonardo e Botticelli, amigo de Dürer, cujos detalhes de plantas em sua *Primavera,* por exemplo, eram também cientificamente precisos, estavam ambos seguindo o mesmo caminho. Tudo era parte dessa nova revolução científica, dentro da Renascença, que estava começando a colocar a prêmio a observação e o registro preciso dos resultados. Tampouco foi a Itália o único centro desse movimento, pois em nenhum lugar ele foi mais evidente do que na Alemanha do princípio do século XVI.

Ilustração à página 45

Houve três figuras notáveis que encabeçaram o esforço germânico: Otto Brunfels, de Mogúncia, Jerome Bock (também conhecido como Hieronymus Tragus), de Heidelsheim, e Leonhard Fuchs, de Wemding, muitas vezes chamados, coletivamente, de "pais alemães da botânica". Brunfels nasceu por volta de 1489 e recebeu instrução na universidade de sua cidade natal; entrou, então, no mosteiro cartusiano de Estrasburgo, embora mais tarde, em 1521, tenha trocado o mosteiro e a fé católica pelo luteranismo. Após um período como pastor luterano, voltou a Estrasburgo, abriu sua própria escola e se casou. Brunfels mostrou interesse pela medicina e preparou uma das mais antigas bibliografias médicas, mas sua fama repousa, principalmente, em suas *Ilustrações vivas de plantas,* cujo primeiro volume foi publicado em 1530. Um segundo volume seguiu-se em 1531 e um terceiro em 1536, todos em latim, embora Brunfels também tivesse produzido uma edição alemã. O livro contém muitas informações de Dioscórides e de outros antigos autores de obras sobre botânica, e algumas vezes uma mesma planta recebe várias designações; Brunfels também não demonstrou conhecimento da distribuição geográfica das plantas que descreveu. Prestou uma reverência exagerada às autoridades do passado, chegando mesmo a se desculpar pelo fato de o livro conter algumas plantas desconhecidas dos autores antigos. Mas, apesar de todas essas falhas, os volumes ganham importância devido aos esboços acurados de 238 plantas, desenhados pelo artista Hans Weiditz, que também cortou a maioria dos blocos de madeira usados para imprimi-los. As ilustrações variam em tamanho, ocupam toda a extensão do fólio, e todas mostram uma rara mas feliz combinação de encanto estético e precisão científica. O livro mostrava bem a estrutura das plantas e, além disso, como cada uma delas era encontrada em seu habitat típico. Os desenhos eram, de fato, tão fiéis, que aos olhos de um observador bem atento algumas espécies apresentam sinais de murchidão.

Botticelli e Dürer podem ter feito desenhos precisos de algumas plantas selecionadas, mas o trabalho de Brunfels trazia uma novidade: sua finalidade e seu método; se Weiditz merece grande parte do crédito, a concepção de Brunfels e sua supervisão foram também notáveis. Certamente, depois de sua publicação, a botânica no mundo ocidental não foi mais a mesma; uma nova era verdadeiramente científica havia nascido.

O local de nascimento de Jerome Bock ainda é controverso, mas não há dúvida de que ele passou a maior parte de sua vida adulta no Saara. Educado como católico, também se voltou para o luteranismo e foi, por algum tempo, médico pessoal do *Landgrave* de Nassau; portanto, parece ter recebido uma educação formal em medicina, assim como uma base teológica. No entanto, ele se tornou célebre no campo da botânica, e não no da teologia ou da medicina, e sua celebridade se deve apenas a um trabalho, o *Neu Kreütterbuch* ("Novo livro das plantas"), que apareceu pela primeira vez em 1539 e assinalou um marco na botânica. Escrito em alemão, o livro revelou claramente que Bock tinha inclinação para a observação de plantas e sua descrição; além disso, utilizou uma nova concepção para abordar o assunto. Referindo-se ao local em que eram encontradas, escreveu uma breve história da vida de cada planta e — a inovação — tentou estabelecer ligações entre as diferentes espécies. Sem dúvida, ele usou algumas características que não empregaríamos, como o paladar, para estabelecer uma classificação, mas isso, de qualquer maneira, foi um passo importante na ciência da botânica. Bock também procurou corrigir algumas das idéias mais espantosas e errôneas que eram popularmente apresentadas sobre as plantas, embora nem sempre tenha sido bem sucedido. Além disso, o *Neu Kreütterbuch* não era isento de erros (por exemplo, a afirmação de que as orquídeas descendiam de tordos e melros), mas essas falhas não depõem contra a importância do livro. Entretanto, a primeira edição apareceu sem ilustrações e não despertou muito interesse, pois toda a atenção se concentrava nos volumes de Brunfels e, em 1542, nos compêndios sobre ervas, com ilustrações de Leonhard Fuchs. Somente em 1546, quando foi publicada uma edição ilustrada, com xilogravuras de David Kandel, artista de Estrasburgo, Bock foi merecidamente reconhecido pela apreciável realização.

Ilustração à página 47

Leonhard Fuchs, o terceiro dos pais alemães da botânica, era também médico por profissão e luterano por convicção, tendo terminado sua carreira como professor de medicina na Universidade de Tübingen, onde exerceu considerável influência. Fez tentativas de reformar a medicina, enfatizando a importância de se consultar os escritos gregos originais e ignorar os comentaristas medievais, atitude que devia algo à tradição protestante de tentar voltar à Bíblia e ignorar as tradições medievais da Igreja. Mas Fuchs é lembrado pelo seu trabalho desenvolvido no campo da botânica, que se resume ao livro sobre ervas medicinais, *A história natural das plantas*. Era profusamente ilustrado; os desenhos foram preparados pelos artistas Heinrich Füllmaurer e Albrecht Meyer, e as xilogravuras, pelo gravador Rudolph Speckle. Um requinte: os três tinham seus retratos no livro, que também continha um retrato de Fuchs de corpo inteiro. *A História natural das plantas*, de Fuchs, é o mais famoso dos

Ilustração à página 46

antigos livros sobre plantas e, embora o texto latino seja baseado em Dioscórides, o autor apresenta seu texto em ordem alfabética, o que facilita enormemente uma pesquisa. O livro contém descrições de cerca de quatrocentas plantas nativas da Alemanha e outras cem de países estrangeiros. Embora Fuchs não tenha feito qualquer tentativa de classificação, procurou estabelecer um sistema de nomenclatura botânica, e só por isso o livro teria sido uma notável contribuição para a ciência da botânica. Leonhard Fuchs ainda é celebrado em muitos jardins, pois um arbusto ornamental, a fúcsia, recebeu esse nome em homenagem a esse grande botânico.

O século XVI também presenciou o trabalho de uma série de outros botânicos. Valerius Cordus de Oberhessen (1515-1544), que empreendeu uma grande viagem para observar as plantas descritas pelos antigos botânicos, preparou sua própria *História natural das plantas,* livro em que analisava as plantas sob os pontos de vista botânico e médico. Mas as grandes contribuições que poderia ter dado foram interrompidas prematuramente por sua morte inesperada aos 29 anos, e foi somente graças à dedicação do botânico e zoólogo suíço, Konrad Gesner, que o livro foi publicado postumamente em 1561. O próprio Gesner produziu uma *Opera botanica* ("Trabalhos botânicos") que continha perto de 1 500 gravuras preparadas por ele mesmo, mas sua publicação só se completou após sua morte. Nessa obra, Gesner mostra toda a importância da estrutura das plantas para a classificação da vida vegetal.

Um considerável número de outros livros sobre botânica apareceu durante o século XVI, seguindo o exemplo dado pelos alemães; em Antuérpia, eram patrocinados pelo famoso impressor e editor Christopher Plantin, que teve notável atuação na elaboração do material científico então disponível. No ápice de sua carreira, ele dirigia impressoras em Antuérpia e Leyden, e apenas em 1575 produziu nada menos que 83 edições de livros com um total de oitocentas a 2 500 cópias. Em botânica, o mais significativo talvez tenha sido o *Novo livro de anotações das plantas,* do francês Matthias de l'Obel (ou Lobel), coleção de detalhes de 1 200 a 1 300 plantas, classificadas, principalmente, pelas folhas, usando as divisões de sementes com uma folha (monocotiledôneas) e com duas folhas (dicotiledôneas). Houve também Charles de Lécluse, talvez mais conhecido por seu nome latinizado, Clusius. Formado em direito, não se interessou por botânica até seus vinte e poucos anos, quando começou a traduzir para o francês alguns textos latinos contemporâneos sobre o assunto, inclusive um famoso livro de plantas de Rembert Dodoens, o primeiro a ser publicado em flamengo (1554), e um livro que foi, pelo menos, a base do *Herball* ou *General historie of plantes* (1597), preparado pelo barbeiro-cirurgião John Gerard. Mas a grande contribuição de Lécluse à botânica veio em 1593, quando, com a idade de 67 anos, foi designado professor da Universidade de Leyden, onde permaneceu até morrer, dezesseis anos depois. Foi em Leyden que ele organizou um jardim botânico, o primeiro da Europa, e, aos 75 anos, publicou seu *Relato de plantas raras,* que incluía mais de seiscentas espécies de plantas; foi também Lécluse que escreveu a primeira monografia sobre fungos.

Zoologia

Do mesmo modo que na botânica, também na zoologia os naturalistas do século XVI começaram a observar a natureza com outros olhos. Os mais notáveis zoólogos foram Pierre Belon, Guillaume Rondelet e Konrad Gesner, algumas vezes referidos, coletivamente, como os "naturalistas enciclopédicos". Pierre Belon (1517-1564) nasceu perto de Cerons, na França, oriundo de família obscura. Recebeu instrução como farmacêutico, estudou botânica com Valerius Cordus e fez três viagens à Inglaterra, executando dissecações em Oxford em pelo menos uma dessas ocasiões. Tornou-se um protegido do bispo de Le Mans e mais tarde obteve licença para praticar a medicina, conseguindo, com suas maneiras cativantes, um lugar na corte; o rei Carlos IX, da França, concedeu-lhe uma pensão de Estado. Não obstante, sua vida foi relativamente curta, pois com a idade de 49 anos foi assassinado, por desconhecidos, no Bois de Boulogne. Em suas viagens ao Oriente Próximo, Belon fez anotações sobre grande parte da flora e fauna dessa região, e não apenas escreveu uma monografia sobre as coníferas, como também publicou três livros importantes: *A história natural de estranhos peixes marítimos* (1551), *Sobre a vida aquática* (1553) e *A história e natureza dos pássaros* (1555). O primeiro contém a classificação dos peixes e cetáceos (golfinhos, toninhas e baleias) que Belon havia dissecado. Ele reconheceu que as duas glândulas produtoras de leite das fêmeas dos cetáceos eram mamárias, e que estava lidando com mamíferos que respiravam o ar da atmosfera, embora vivessem dentro da água. Apesar disso, ele os classificou como peixes, tal como fez com o hipopótamo. Mas o mais significativo de seus livros e o que lhe deu maior fama foi o último, sobre os pássaros. Nele, Belon corrigiu alguns erros então comuns a respeito da anatomia das aves, mas sua contribuição mais significativa foi a cuidadosa e detalhada comparação entre os esqueletos dos homens e desses animais. Foi um estudo pioneiro, e seu trabalho nesse campo lhe valeu o título de "pai da anatomia comparada".

Guillaume Rondelet (1507-1566), o segundo dos enciclopedistas, era filho de um comerciante de drogas e especiarias. Freqüentou a Universidade de Paris para estudar humanidades, mas, como não se adaptou a esse campo, transferiu-se para a faculdade de medicina. Rondelet tornou-se um médico notável e viajou muito, embora em 1551, quando contava quarenta e poucos anos, tenha retornado a Montpellier para ser professor de anatomia e medicina e, mais tarde, reitor da universidade. No entanto, embora fosse popular como anatomista e conferencista médico, é hoje relembrado pelo seu grande interesse por biologia marinha e por seu famoso *Livro dos peixes marinhos,* publicado em Lyon, em 1554-1555. Embora escrito em

Ilustração à página 46

latim, apareceu em tradução em 1558 como *A história completa dos peixes*, título mais correto, já que o livro trata tanto dos peixes de água doce como do mar; na verdade, inclui até uma descrição detalhada dos castores. Rondelet descreveu as várias partes dos animais aquáticos, seus sistemas digestivo, respiratório e reprodutivo, e tentou relacionar função com ambiente. De alguma forma, voltou a discutir o trabalho de Aristóteles sobre a vida aquática, que era da melhor qualidade, mas ele aperfeiçoou as observações do filósofo grego: foi o primeiro a descrever a bexiga natatória dos peixes de água doce, observando também que ela estava presente em algumas formas marinhas; descobriu que o golfinho possuía ouvido e comparou essa criatura tanto com o porco quanto com o homem. Forneceu também uma descrição detalhada do ouriço-do-mar, e o desenho desse equinodermo constitui a ilustração mais antiga que temos acerca da dissecação de um invertebrado. Grande parte de seu livro, contudo, revela um caráter enciclopédico, descrevendo mais de trezentos seres aquáticos, a maioria deles ilustrados.

Rondelet atacava firmemente aqueles que não queriam aceitar a evidência da observação e da experiência, preferindo ser guiados apenas pela autoridade dos antigos. Em seus últimos anos, tornou-se um decidido protestante, embora pareça, em geral, ter sido um tipo mais ou menos rabelaisiano, amante da comida, especialmente dos doces, e músico entusiasmado. Tal não aconteceu com o terceiro enciclopedista, Konrad Gesner (1516-1565), afilhado e protegido do reformador protestante suíço, Huldrych Zwinglio. Gesner lia teologia, tornou-se notável estudioso de grego e hebraico e, em 1537, aos 21 anos, tornou-se o primeiro ocupante da cadeira de grego da recém-inaugurada Academia de Lausanne. Entretanto, foi também atraído pela medicina e, antes de sua designação, estudou o assunto em Bourges, depois em Paris e, ainda mais tarde, quando deixou a cadeira de Lausanne, em Basiléia, onde recebeu o título de doutor. Por toda a sua vida subseqüente, parece ter mantido esses dois interesses tão diversos: línguas antigas e biologia.

Já vimos algo de seu trabalho em botânica, mas Gesner também foi atraído pela zoologia, e é por seus cinco volumes da *História dos animais* que ele é mais conhecido. A publicação dessa obra se iniciou em 1551 e terminou em 1587, 22 anos após a sua morte. Era um trabalho maciço, de mais de 4 500 páginas, e foi aclamado imediatamente; na verdade, dois séculos depois ainda provocava o entusiasmo do famoso zoólogo Georges Cuvier. Nessa obra enciclopédica, Gesner tentou agrupar os animais em uma nova distribuição, tal como fizera em seu trabalho botânico, quando classificou as plantas em florescentes e não-florescentes e de acordo com o modo pelo qual a seiva era suprida. A reclassificação de Gesner não foi bem sucedida, mas a dimensão do livro mostrou a necessidade de se fazer uma revisão total na questão da classificação das espécies animais.

Ilustração à página 47

O século XVI também produziu dois outros zoólogos excepcionais, embora não da envergadura de Belon, Rondelet e Gesner. Um deles foi Ulisse Aldrovandi, nascido em Bolonha, em 1522, típica figura renascentista. Filho de notário, estudou matemática e latim, entremeando seus estudos com períodos em que fugia de casa em sua ânsia por ver novas coisas e novos países. Em Roma, encontrou-se com Rondelet e foi tomado de entusiasmo pela história natural, embora, após sua volta a Bolonha, tenha praticado medicina e ensinado lógica na universidade local. Entretanto, seu profundo interesse pela história natural tornou-se tão predominante, que em 1561 veio a ser o primeiro professor dessa matéria na universidade, tendo estabelecido em Bolonha o primeiro jardim botânico da Itália. Estudou o desenvolvimento dos ovos, e esses estudos de embriologia influenciaram o grande especialista Volcher Coiter. Mas os trabalhos mais significativos de Aldrovandi foram um tratado em três volumes sobre pássaros, em 1600, e um sobre insetos, em 1603, assim como pequenos manuscritos sobre quadrúpedes, serpentes, "dragões" e monstros, bem como sobre árvores e minerais. Embora não fosse um grande descobridor, Aldrovandi foi um professor notável e encorajou enormemente o estudo da zoologia na Itália.

Outro zoólogo notável foi o inglês Thomas Moufet, que revelou grande interesse pelos insetos e escreveu um *Teatro de insetos,* que, na época e durante muitos anos, foi o melhor livro sobre o assunto, embora não tenha sido publicado antes de 1638, trinta anos depois de sua morte. Moufet coletou espécimes de insetos em suas viagens por todos os países da Europa ocidental, e o livro é fartamente ilustrado, embora o texto revele um naturalista quase dominado por seu material, tantos são os fatos acumulados e que tentou dispor nas limitadas páginas do livro.

Ciência médica

Durante os tempos medievais, a medicina fez pouco progresso; seu desenvolvimento ocorreu unicamente através da maior associação com a astrologia. Entretanto, as mudanças começaram a ocorrer vagarosamente depois que os textos de medicina muçulmanos passaram a se infiltrar no Ocidente, no século XII. O primeiro efeito observável começou na Itália, na Universidade de Bolonha, onde, em 1312, Mondino de Luzzi completou sua *Anatomia mundini,* livro destinado a ser lido em voz alta durante a dissecação de corpos humanos.

Ainda hoje se discute, nos círculos intelectuais, se Mondino realizou pessoalmente as dissecações ou se as deixou para um "demonstrador", mas isso é apenas incidental. A universidade jactava-se de ter aquela que era, provavelmente, a melhor faculdade de direito da Europa e, necessariamente, ali se realizavam autópsias. Parece que a prática foi ampliada, provavelmente pelo próprio Mondino, como uma extensão dos estudos de medicina. Esse foi um importante passo, do qual a medicina renascentista deveria fazer grande uso, como fez também da terminologia anatômica de Mondino, que derivava, não do grego, mas do árabe, e muito da qual ainda está em uso em nossos dias.

Entretanto, embora Mondino tenha introduzido a dissecação de cadáveres e novos termos anatômicos, seu perfil ainda era galênico, assim como o de toda a anatomia medieval; esse aspecto só iria desaparecer depois do século XVI. O principal responsável foi o grande anatomista da Renascença, André Vesálio, que nasceu em Bruxelas a 31 de dezembro de 1514, filho de um farmacêutico do sacro imperador romano Carlos V. Depois de estudar em Louvain, Vesálio transferiu-se para a Faculdade de Medicina da Universidade de Paris, onde dedicou particular atenção à anatomia, que ainda estava, naturalmente, impregnada de galenismo. No entanto, a guerra entre a França e o Sacro Império Romano Germânico forçou-o a retornar a Louvain, onde ele reintroduziu a prática da dissecação anatômica, que declinara devido à negligência. Mas, no princípio do século XVI, a mais famosa faculdade de medicina da Europa ocidental não ficava em Louvain nem em Paris, mas em Pádua, e foi para lá que Vesálio se dirigiu no outono de 1537, como graduado, tendo recebido seu diploma de bacharel em Louvain. Mas seu conhecimento era tal que, após somente dois dias de exames, deram-lhe o grau de doutor, com louvor, e no dia seguinte ele aceitou o posto de assistente em cirurgia e anatomia. Certamente Vesálio era um rapaz excepcional.

Ilustração à página 50

Tão logo iniciou seu trabalho em Pádua, Vesálio introduziu uma inovação; todas as dissecações eram por ele conduzidas, usando quatro enormes diagramas anatômicos para ajudar os estudantes. Um desses foi roubado, e, então, para impedir o plágio, ele mesmo publicou os demais, junto com três desenhos do esqueleto humano feitos pelo artista holandês Jan Stephen, discípulo de Ticiano. Os desenhos anatômicos ainda apresentavam influências galênicas, assim como dois textos que ele publicou nessa época, mas isso não era de surpreender. Vesálio fez uso de sua posição em Pádua para dissecar o que pudesse, usando tanto corpos de animais como de seres humanos, e durante os cinco anos seguintes descobriu certas discrepâncias entre as observações de Galeno e as que ele próprio encontrou nas dissecações. Em 1539, foi auxiliado por Marcantonio Contarini, juiz da Corte Criminal de Pádua, que colocava à sua disposição os corpos dos criminosos executados, retardando ocasionalmente as execuções para atender à conveniência do anatomista; assim, obteve-se um suprimento suficiente de corpos para que Vesálio pudesse realizar repetidas e comparativas dissecações, e todas confirmavam a existência de discrepância nos estudos de Galeno. Em 1539, Vesálio estava perfeitamente certo dos dados de que dispunha e pôde desafiar Galeno abertamente, não só em Pádua como também em Bolonha, onde demonstrou que as descrições anatômicas de Galeno correspondiam ao corpo de um macaco, e não ao de um homem.

Depois disso, Vesálio preparou-se para publicar com detalhes suas novas idéias, e durante os dois anos seguintes registrou seus resultados. Não poupou tempo nem dinheiro, empregando os melhores desenhistas e os mais perfeitos xilógrafos para preparar os desenhos a serem impressos. Escolheu o impressor Johannes Oporinus, de Basiléia, e foi até essa cidade para supervisionar a impressão. Em

1543, veio à luz *A organização do corpo humano,* magnífico exemplo do que havia de melhor na produção de livros na Renascença. Contém dezessete desenhos de página inteira, além de grande número de figuras entremeadas no texto, as quais estão entre as mais perfeitas xilografias já realizadas. O texto, que abrange cerca de seiscentas páginas de fina impressão, é dividido em sete seções, ou "livros". O primeiro refere-se a ossos e juntas, e inclui ilustrações dos crânios das cinco diferentes raças humanas; são as primeiras ilustrações de etnografia comparativa. O Livro II trata de músculos e é a seção mais famosa pelas ilustrações, e o Livro III menciona o coração e os vasos sanguíneos. Embora Vesálio ainda aceitasse o ponto de vista de Galeno de que o sangue se formava no fígado e atravessava o septo do coração, ele obviamente tinha suas dúvidas, pois observou: "Admiramo-nos da arte do Criador que faz o sangue passar do ventrículo direito para o esquerdo através de poros invisíveis". Na segunda edição, doze anos depois, ele foi ainda mais específico, declarando que nada poderia passar entre os ventrículos. O Livro IV é uma apresentação do sistema nervoso, na qual ele conclui (corretamente) que os nervos não são ocos, como Galeno havia sugerido. O Livro V refere-se aos órgãos abdominais, e o Livro VI, aos do tórax. Este último contém uma descrição do coração, e Vesálio faz notar como este se parece com um músculo. A seção final, o Livro VII, descreve o cérebro e mostra partes jamais descritas. Foi nele que Vesálio tornou claro que os seres humanos não tinham uma *rete mirabile* ("rede admirável") de finas artérias na base do cérebro, embora Galeno e outros as houvessem descrito; elas existiam apenas nos cérebros de animais ungulados.

Ilustração à página 51

Sobre a descrição de Galeno sobre o coração e os vasos sanguíneos, ver volume II, páginas 133-134.

A organização do corpo humano tem sido considerado um dos maiores livros científicos jamais escritos; certamente constituiu um marco em nosso conhecimento do corpo humano e o dobre de finados do galenismo. Na época em que apareceu, despertou inúmeras críticas nos círculos acadêmicos, mas então Vesálio já decidira tornar-se um médico praticante, e, como havia uma longa tradição de serviço imperial em sua família, ele fez uma solicitação ao sacro imperador romano gemânico e foi imediatamente designado um dos médicos da corte. Foi um acontecimento funesto para a ciência, de vez que grande parte do tempo de Vesálio passou a ser destinado a "distúrbios grastrintestinais, doenças crônicas...", como ele mesmo declarou asperamente. Mas, uma vez no serviço imperial, ele não podia demitir-se, e lá ficou durante os treze anos seguintes, até que o imperador finalmente abdicou. Enquanto estava a seu serviço, Vesálio tinha, por vezes, de agir como cirurgião militar, mas, se se encontrasse próximo a uma escola de medicina, tomava parte em autópsias e procurava dedicar-se a pesquisas, se o tempo o permitia. Ao longo dos anos, ele aperfeiçoou algumas técnicas cirúrgicas, escreveu alguns livros complementares ao *Organização* e respondeu a críticas, revendo alguns pontos para a sua segunda edição. Mas, essencialmente, Vesálio é lembrado por causa de um livro, pois o *Organização* marcou uma nova era na anatomia — não só na sua prática, mas também no seu panorama; levou tempo para exercer seu efeito total, naturalmente, mas no princípio do século XVII a anatomia de Vesálio era aceita em quase toda parte, não só pelos acadêmicos como igualmente pelos médicos praticantes.

Vesálio apresenta-se como um colosso da medicina no século XVI, mas sua envergadura não deve permitir que se obscureçam as realizações de outros cientistas médicos. Quando ele deixou Pádua, foi sucedido por Matteo Colombo e, ainda mais tarde, por Gabriele Fallopio, que era um médico competente, mas, ao que parece, um cirurgião desastrado. Indicado para a cadeira de farmácia em Ferrara, Fallopio mudou-se para Pisa, em 1549, a fim de assumir a cadeira de anatomia, mas lá foi injustamente acusado de fazer vivissecção em seres humanos. Dissecou, porém, corpos de leões no zoológico dos Medici e se contrapôs à afirmação de Aristóteles de que seus ossos eram sólidos e não possuíam medula. Felizmente, as acusações não impediram que lhe fosse oferecida a antiga cadeira de Vesálio, em Pádua, quando Colombo se aposentou. Fallopio escreveu um comentário sobre o *Organização,* de Vesálio, no qual pretendia corrigir alguns erros, embora, ao fazer isso, tivesse se esforçado para tornar claro seu respeito pelo "divino Vesálio". Entretanto, seu comentário, *Observações anatômicas* (1561), é notável, não tanto pelas observações sobre o *Organização,* mas pelas descobertas originais que contém sobre o aparelho reprodutor humano e o desenvolvimento do feto — essa foi a grande contribuição de Fallopio. Ele estudou os músculos e o ouvido, mas seu trabalho mais significativo se refere ao desenvolvimento do feto, particularmente a formação dos ossos e dentes e a descoberta do que agora se chamam trompas de Falópio, os canais que ligam o ovário ao útero. Observados pela primeira vez em Alexandria, foram desde então esquecidos, e a descrição de Fallopio foi bem original.

Sobre a descoberta de Herofilo, ver volume I, página 123.

Um contemporâneo de Fallopio, e outro notável colaborador da medicina da Renascença, foi Bartolommeo Eustacchio. Nascido entre 1500 e 1510, em San Severino, na Itália, era médico e lingüista, perito em árabe, hebraico e grego. Grande defensor de Galeno, nutria uma aversão gratuita a Vesálio, e seus dois primeiros livros, *O exame dos ossos* e *O movimento da cabeça,* ambos escritos em 1561, constituem um ataque às idéias contidas no *Organização.* Mas, apesar desse ódio — Vesálio nunca retrucou a seus ataques —, Eustacchio fez alguns trabalhos científicos importantes. Em 1562-1563, produziu uma importante série de trabalhos: *A estrutura do rim, O órgão da audição* e outros sobre as veias e os dentes. Todos de alto nível, cada qual apresentava novas revelações, e em *O órgão da audição* ele anunciou sua descoberta do tubo situado entre o ouvido médio e a parte superior da faringe, ainda hoje conhecido como trompa de Eustáquio. Ele realizou também alguns trabalhos originais sobre a laringe e a fala.

Em 1552, Eustacchio conseguiu o auxílio de Pier Matteo Pini, um parente artista, e com ele preparou uma série de 47 ilustrações anatômicas em placas de cobre, que ilustrariam o livro *Dissenções e controvérsias anatômicas*, o qual, porém, nunca foi publicado, embora algumas placas tenham sido usadas em um pequeno trabalho anatômico que visava mostrar os rins e várias veias, assim como a válvula de Eustáquio. Quando morreu, em 1574, as placas restantes estavam perdidas e não vieram à luz senão 150 anos depois, quando foram publicadas. Mostram uma observação cuidadosa e, embora não fossem os primeiros desenhos anatômicos em placas de cobre, constituem um tributo à inclinação de Eustacchio pela anatomia.

Os anatomistas mencionados até agora são originários da Itália ou trabalharam lá, mas, em 1534, em Groningen, nos Países Baixos, nasceu um homem que viria a ser o primeiro autor de anatomia comparativa desde Aristóteles. Vocher Coiter (1534-1576), filho de um jurista, recebeu boa educação e mostrou tal aptidão para a dissecação e a medicina galênica que a cidade aprovou um estipêndio para que ele estudasse cinco anos em universidades estrangeiras. Foi para o exterior como aluno de notáveis figuras, como Fuchs e Aldrovandi, e ele mesmo lecionou por algum tempo em Bolonha e Perúgia, mas seu protestantismo parece ter-lhe causado problemas, e passou algum tempo preso, primeiro em Roma, depois em Bolonha. Em 1566, Coiter estava de volta à Alemanha, e em 1569 tornou-se médico da cidade de Nuremberg, onde permaneceu até a morte, em 1576. Grande adepto de Vesálio, Coiter é hoje em dia lembrado principalmente por seus detalhados estudos de anatomia comparada. Examinou quase toda a série dos vertebrados — anfíbios, pássaros, répteis e mamíferos —, dando ênfase às suas diferenças. Seu trabalho envolveu vivissecções — registrou observações feitas com os corações vivos de gatos, répteis, sapos e peixes —, e seus estudos dos esqueletos de várias espécies de pássaros foram incomparáveis. Ilustradas com figuras detalhadas, as contribuições de Coiter sublinham a ampla visão de muitos médicos da Renascença. Sua medicina mantinha-os em contato constante com remédios à base de ervas e o conduziu ao estudo da botânica; sua curiosidade sobre o corpo humano levou-os a examinar todas as criaturas vivas que caíssem em suas mãos, e portanto não surpreende que muitos daqueles a quem hoje chamamos biólogos fossem os que tinham treinamento em medicina e até uma prática médica. A especialização não era uma característica do homem da Renascença.

Outro sábio da Renascença com orientação científica e inclinações médicas que deve ser mencionado é o espanhol Miguel Servet. Nascido por volta de 1511, de família nobre, trabalhou para uma editora de Lyon como revisor e organizador de textos, preparando duas competentes edições da *Geografia* de Ptolomeu e três edições da Bíblia. Foi durante esse trabalho que entrou em contato com muitos livros de medicina e conheceu o autor de livros sobre medicina, Symphorien Champier, que o aconselhou a ir para Paris a fim de estudar essa matéria. Servet seguiu seu conselho, e em breve adquiriu um renome invejável, tornando-se membro de um famoso círculo de médicos e ganhando a reputação de ser inferior apenas a Vesálio como dissecador.

Em janeiro de 1553, Servet publicou sua *Restauração do cristianismo,* livro que continha sua valiosa contribuição à medicina, como veremos logo adiante. O que seus contemporâneos viram, porém, foi um livro com visões heréticas sobre a Trindade, e isso conduziu à sua queda final. Ao preparar o texto, ele se manteve em correspondência com Calvino, que, porém, se recusou a ter qualquer outra ligação com ele depois de receber o rascunho da *Restauração;* quando o livro foi publicado, Calvino denunciou Servet. Este foi preso, mas conseguiu escapar, embora a maioria das cópias de seu livro fosse depois queimada. Após manter-se escondido durante quatro meses na França, decidiu mudar-se para a Itália, mas infelizmente, escolheu um itinerário que o conduziu através de Genebra, onde foi reconhecido e, em 1553, queimado vivo ainda investindo contra a Trindade.

A importante descoberta médica feita por Servet foi a pequena circulação do sangue. Ele foi o primeiro no Ocidente a descobri-la, pois, embora ela já tivesse sido notada no mundo muçulmano, em meados do século XIII, parece que Servet nada sabia a esse respeito; na verdade, sua descoberta, claramente independente, foi motivada pela teologia e introduzida para explicar mais satisfatoriamente a disseminação do espírito divino através do corpo. Além do mais, ele também declarou que o "espírito vital é, então, transfundido do ventrículo esquerdo do coração às artérias de todo o corpo" — ponto de vista que se torna verdadeiramente muito próximo de uma descrição da circulação maior, a qual seria descoberta por William Harvey no século seguinte. Parece não haver dúvida de que Harvey conhecia as idéias de Servet — somente três cópias da *Restauração* sobreviveram, de forma que eram uma raridade —, há, naturalmente, a questão da realidade da descoberta verdadeira feita por Servet. Seria apenas parte de um argumento teológico ou teria base em experiências médicas? Ele sabia, certamente, da impermeabilidade do septo do coração, mas nesse caso Vesálio já tinha se referido a isso exaustivamente, como já vimos, e não há provas de que Servet tenha realizado experiências para apoiar suas declarações, como outros fariam mais tarde. Tampouco suas idéias se tornaram muito conhecidas; não exerceram influência nem estimularam pesquisas. Em suma, foram moldadas na obscuridade e, não fosse sua descoberta após a morte de Servet e, mais especialmente, depois que a significação da famosa descoberta de Harvey se tornou clara, elas não teriam conseguido sequer ser mencionadas hoje em dia. Contudo, se Servet tivesse sido menos apegado ao seu antitrinitarismo, e Calvino, menos fanático em relação a heresias, talvez esses novos pontos de vista tivessem entrado na medicina meio século antes.

Sobre essa descoberta por Al-Nafis, ver volume II, página 126.

Química

A química da Renascença seguiu uma série de caminhos paralelos; por um lado, a tradicional busca da alquimia continuava com sua dupla finalidade: a transmutação de metais básicos em ouro e a descoberta de um elixir que proporcionasse a vida eterna e a cura de todas as doenças do corpo. Um segundo desenvolvimento que se mostraria muito importante foi no sentido médico, ou iatroquímico. Surgiu da idéia de um elixir, e se referia ao uso de agentes químicos para suplementar, ou mesmo suplantar, remédios feitos de ervas. Em terceiro lugar, houve o crescimento da química prática como resultado de desenvolvimentos nas áreas da mineração e da metalurgia durante a Renascença, da produção da pólvora e do incremento da destilação. O advento da impressão deveria afetar os três, embora tenha colaborado principalmente com o último. A mineração e a metalurgia também conduziram a um estudo mais detalhado da mineralogia e ao início, no Ocidente, de uma compreensão da crosta terrestre que, no século XVII, deveria se desenvolver dando início à ciência da geologia.

Sobre a alquimia chinesa, ver páginas 20, 21, 60; sobre a alquimia na Índia, ver páginas 76-77; no mundo muçulmano, ver páginas 126-128, todas no volume II.

A alquimia da Renascença logo se deixou influenciar pelo hermetismo. O mago, com seu conhecimento esotérico do macrocosmo e do microcosmo, podia operar e realmente operava na base dos quatro antigos elementos básicos, embora a precisão e o cuidado com que trabalhava, como convinha à pureza da visão que ele acreditava estar contida no hermetismo, por vezes o conduzisse ao sucesso, onde outros, antes dele, já haviam fracassado. Um desenvolvimento interessante, condensado no "vaso de Hermes", era o interesse despertado pelos aparelhos de alquimia. Isso surgiu não apenas por conveniência — encontrar o aparelho mais prático para um conjunto específico de reações químicas —, mas também porque o alquimista começou a favorecer a idéia de que as formas dos vasos exerciam sua própria influência mística nas transformações e reações que neles ocorriam. Por exemplo, o recipiente em forma de pássaro usado para a destilação — o pelicano — era muito conhecido, mas seu desenvolvimento, o duplo pelicano, era misticamente ligado ao processo de "conjunção", em que os agentes químicos envolvidos em uma reação recebiam a forma do composto resultante, de modo bastante análogo a uma quantidade de cera que toma a forma do selo nela impresso. Mas, na Renascença, o recipiente de reação alquímica *par excellence* era o vaso de Hermes, ou "ovo do filósofo". Sua forma ovóide lembrava antigos símbolos da criação e, em vários manuscritos de alquimia ou em livros impressos, era muitas vezes desenhada junto com uma serpente, ali colocada para simbolizar o material da pedra filosofal ou, para se usar outra expressão, o elixir da vida. Mas, simbolismo à parte, o importante em tudo isso foi o desenvolvimento gradual de uma aparelhagem química mais eficiente e elaborada.

Ilustração à página 50

Outro avanço no campo da protoquímica foi o surgimento do tratado técnico. Sem o advento da impressão, tais trabalhos provavelmente nunca teriam aparecido, mas, com a disponibilidade da imprensa, surgiu uma forma simples de trabalho de laboratório. Eram livros práticos, como o famoso *Buch zu Distillieren* ("Livro da destilação"), impresso e publicado em Brunswick, em 1519, o primeiro texto descritivo do assunto a surgir no Ocidente. A diferença entre

Sobre a invenção da moderna nomenclatura química, ver página 125.

um texto e um livro sobre alquimia era que, enquanto o texto alquímico seria, propositadamente, escrito de forma obscura, com forte base no simbolismo, o livro prático pretendia, acima de tudo, fornecer explicações claras. Um breve extrato dos dois tipos de textos mostrará a diferença. Uma descrição alquímica da sublimação — processo em que os cristais de uma substância ficam suspensos na parte superior, fria, de um recipiente contendo materiais sólidos aquecidos em sua parte inferior — iria comparar essa ação, digamos, ao vôo dos cisnes ou de outras aves:

> "Dissolva o fixo e faça o fixado voar,
> O voador fixar-se e, então, viva feliz".

Mas no *Buch zu Distillieren,* ao descrever a preparação de um remédio — uma "água boa" para a paralisia — usando um *Rosenhut* (tipo de condensador de ar), o autor escreve com notável clareza:

> "Pegue semente de salsa, três onças; absinto verde, duas boas mancheias; vinho destilado, três onças. Triture tudo e destile em um alambique ou em um *Rosenhut* comum, como está mostrado aqui".

Ilustração à página 50

O aparecimento do texto técnico simples foi um grande passo à frente em relação à obscuridade do alquimista e do mago, que queriam manter seus segredos longe dos olhares do vulgo. Quando escreviam, era apenas em termos alusivos que só podiam ser compreendidos, se o fossem, por outro adepto. Mas o autor de textos técnicos tinha outra finalidade; seu propósito era informar o leitor, adepto ou não. Outro famoso e importante livro dessa espécie foi o *Pirotecnia,* um tratado sobre a química, a destilação, a manufatura da pólvora, a metalurgia e a moldagem de tudo, de fontes típicas e medalhões a grandes estátuas e canhões. O autor desse trabalho abrangente, que tornou conhecidos processos comerciais até então mantidos como segredos cuidadosamente guardados, foi Vannoccio Biringuccio (1480-1540). Filho de arquiteto, Biringuccio viajou primeiro pela Itália e Alemanha, observando as oficinas metalúrgicas, e depois se estabeleceu como diretor de uma mina e forja de ferro em Boccheggiano e, mais tarde, de uma casa de moeda da família Petrucci. Depois da queda desta, dirigiu várias fundições, moldou canhões, construiu fortificações e desenhou edifícios, terminando sua carreira como chefe da fundição e diretor das munições papais em Roma, onde morreu. Obviamente, era homem de grande experiência prática, e sua *Pirotecnia,* publicada postumamente, cerca de um ano depois de sua morte, exerceu grande influência, sendo o primeiro livro publicado no Ocidente a ter como tema as artes e manufaturas que requeriam o uso do calor para sua produção. Parte de sua influência, porém, deveu-se à grande clareza do texto; nisso, nenhum outro autor contemporâneo o igualou.

Dois outros famosos livros de metalurgia e mineralogia do século

XVI foram a *Descrição dos métodos de mineração e processamento de minério de chumbo,* de Lazarus Ercker (1574), e *De re metallica* ("Metalurgia") (1555), de Georg Bauer. O livro de Ercker foi particularmente útil por sua descrição dos métodos usados para analisar metais preciosos, embora seu texto não se iguale, em termos de clareza, ao de Biringuccio, enquanto o livro de Bauer, embora plagie alguma coisa deste último, trata de temas importantes a respeito de mineração. Ercker manteve uma série de postos de teste na área rica em minerais da Saxônia, mudando-se para Praga, em 1567, como "analista controlador" de moedas, e seu livro contém, como era de se esperar, algumas informações úteis a respeito de química. Georg Bauer, conhecido também como Georgius Agricola, foi mais caracteristicamente um estudioso do que Biringuccio ou Ercker. Nascido em 1494, em Glauchau, Alemanha, entrou para a Universidade de Leipzig e obteve seu primeiro diploma com a idade de 21 anos. A partir de então, ensinou grego elementar, até 1519, quando se mudou para a vizinha Zwickau, onde organizou uma nova escola de grego. Zwickau era um centro da Reforma e, embora Bauer pensasse que uma reforma fosse necessária, não gostou de seu aspecto revolucionário; em 1523, já não queria mais nada com o grego ou com os reformadores. Por isso regressou a Leipzig, dessa vez para estudar medicina. Foi durante esse período que visitou a Itália, e passou três anos ajudando a organizar, para a imprensa Aldina, trabalhos de Hipócrates e Galeno, e também passou a interessar-se por política e economia. Suas viagens subseqüentes levaram-no através dos distritos mineiros de Caríntia, Estíria e Tirol, e em 1527 foi indicado como médico e farmacêutico da cidade hoje conhecida como Jachymov, na Tchecoslováquia, então um dos mais importantes centros de mineração da Europa. Lá ele observou *in loco* as enfermidades próprias da comunidade mineira e estudou o uso de minerais e produtos de fusão em seu tratamento. Isso era um novo começo, pois Galeno repudiara o uso de drogas minerais; de modo que Bauer começou a colocar suas experiências no papel, descrevendo os princípios geológicos e mineralógicos da mineração, suas técnicas, assim como as enfermidades profissionais e seu tratamento. Finalmente, voltou para a Alemanha, para a tranqüila cidade de Chemnitz, a fim de se dedicar a escrever. Quando a Peste Negra atingiu a Saxônia, trabalhou dia e noite para aliviar o sofrimento da população, mas isso o exauriu; uma designação como historiógrafo da corte da Saxônia não lhe trouxe alívio. Viu-se obrigado a relatar honestamente — e danosamente — as reivindicações da casa reinante e depois se tornou obcecado por aquilo que viu como uma guerra iminente e uma permanente separação entre católicos e protestantes; a guerra, é verdade, foi evitada pela Paz de Augsburgo, em setembro de 1555, mas isso apenas confirmou o estado de separação no cristianismo ocidental. Bauer morreu em novembro de 1555, cansado e desalentado. Somente quatro meses depois é que veio à luz sua extensa *Metalurgia.* Baseada quase inteiramente em suas próprias observações, contém as sementes que iriam proporcionar o desenvolvimento na área das drogas médicas e os fundamentos para uma concepção mais moderna da geologia e dos fósseis; com suas 292 magníficas xilogravuras, viria a ser o trabalho padrão durante os dois séculos seguintes.

Bauer (Agricola) era um homem de ciência, cauteloso em suas opiniões, cuidadoso, e fez o possível para que a sua *Metalurgia* se baseasse apenas em sua experiência pessoal. Foi, em muitos sentidos, a antítese de outro estudioso alemão da Renascença cujos interesses estavam no mesmo campo, o extrovertido Theophrastus Philippus Aureolus Bombastus von Hohenheim (1493-1541). Mais conhecido como Paracelso, cognome derivado de uma latinização de "von Hohenheim", que significa "o insuperável Celsus" (o eclético médico romano do século I d. C.), ou, possivelmente, até se referindo à sua autoria de livros "para-(dóxicos)" que subverteram o panorama tradicional, possuía um caráter pitoresco. Nasceu em 1493 ou 1494, em Einsiedeln, Suíça, de família de médicos. Sua educação inicial — especialmente a instrução em botânica, mineração, metalurgia e ciência em geral — foi dada por seu pai, que foi substituído nessa função por vários bispos e o abade de Sponheim, notável expoente do ocultismo. Com vinte e poucos anos, Paracelso também realizava trabalhos práticos nas minas locais ou, mais provavelmente, nos laboratórios de mineração. Esse foi um treinamento de certo modo incomum, embora pareça que ele tenha viajado pela Itália e passado algum tempo na Universidade de Ferrara, presumivelmente estudando medicina, pois logo depois o encontramos como cirurgião militar, primeiro em Veneza e depois em outros lugares.

Parece que, apesar de todo o seu padrão médico profissional, o pai de Paracelso era ilegítimo e sua mãe, serva de uma abadia beneditina; esses fatos parecem tê-lo amargurado, pois, por toda a vida, Paracelso demonstrou ter uma relação de amor e ódio com as autoridades; sempre foi um homem irritado, que tinha a infeliz inclinação de se afastar até dos amigos e protetores. Condenava a medicina e a ciência tradicionais e procurou aprender novos métodos de cura com a população camponesa, junto à qual passava muito tempo bebendo em tavernas de baixo nível, hábito que lhe permitiu tornar-se *expert* em vinhos. Tratava de graça suas doenças, o que contrabalançava com honorários exorbitantes cobrados aos ricos.

A carreira de Paracelso foi uma mistura de sucesso e fracasso. Conseguiu praticar a medicina com sucesso em Salzburgo, ganhando grande reputação ao salvar a vida do notável editor humanista Johannes Froben; isso, juntamente com os acertados aconselhamentos médicos que deu a Erasmo, proporcionou-lhe o posto de médico municipal e o de professor de medicina em Basiléia no ano de 1527. Contudo, as autoridades acadêmicas estavam insatisfeitas, pois Paracelso se recusou a apresentar documentos de qualificação ou a prestar o juramento necessário e até escreveu um documento denegrindo Galeno e prometendo um novo sílabo; somente o patrocínio de Froben e outros poderosos reformadores garantiu sua indicação. Mas, no ano seguinte, Froben morreu, e Paracelso foi obrigado a deixar Basiléia, tendo, nesse ínterim, queimado publicamente uma cópia do

Canon de Ibn Siná, insistido em fazer conferências em alemão e a admitir barbeiros-cirurgiões em suas classes, acabando por causar uma crise ao mover processo contra um magistrado por falta do pagamento de honorários. Depois disso, Paracelso vagou de uma cidade a outra, ficando no máximo dois anos em uma localidade. Foi durante sua perambulação que ele vestiu roupas de camponês e estudou moléstias de mineiros. Morreu em Salzburgo, em 1541.

Homem de imensa resistência física, Paracelso desafiava os camponeses para rodadas de bebida e, depois de vencê-los, passava grande parte da noite ditando para um amanuense (exceto nos momentos em que brandia uma espada, gritando selvagemente e aterrorizando todos os presentes). Então, passava o dia seguinte no laboratório. Apesar dessa vida desregrada, introduziu uma série de inovações na medicina, especialmente o reconhecimento da silicose e da tuberculose como enfermidades próprias dos mineiros, a percepção de que a sífilis podia ser congênita e de que havia uma relação entre o bócio e o cretinismo, mas sua contribuição mais importante foi a nova teoria da doença. Paracelso repudiou a antiga crença de que a doença se devia a um desequilíbrio ou distúrbio de humores, e deu ênfase a causas externas, especialmente à invasão do corpo por algum "veneno". Isso o levou a novas formas de tratamento, muitas vezes aplicando princípios homeopáticos e o conceito de "assinaturas", pelo qual um remédio à base de ervas era escolhido porque a cor e a forma da planta se assemelhavam às do órgão afetado. Também tentou separar os componentes de drogas e defendia o uso de substâncias minerais como drogas específicas em seu pleno direito. Tudo isso o levou a desenvolver técnicas e idéias no campo da química que viriam a ser de uso considerável para os químicos de gerações subseqüentes.

Algumas das técnicas de Paracelso eram práticas, como o método de preparar álcool concentrado congelando-se seu componente aquoso (método já usado pelos chineses) e sua maneira de preparar ácido nítrico. Também introduziu metais novos e não-venenosos para uso medicinal e foi o primeiro a tentar construir um sistema de química completo. Nesse empreendimento, introduziu três "princípios" básicos — sal, enxofre e mercúrio. Eles não substituíam os quatro elementos (terra, ar, fogo e água) dos tempos antigos, pois não eram considerados substâncias químicas; o mercúrio de Paracelso não era a substância química mercúrio, mas seu princípio de comportamento; o enxofre e o sal eram semelhantes. Assim, o princípio do sal está presente em todas as substâncias e, se o estiver em grau suficiente, solidifica a substância; da mesma forma, o princípio do enxofre é responsável pela natureza inflamável de um material, e o do mercúrio, por seu estado vaporoso ou líquido. Essa era uma idéia engenhosa e importante que chamou a atenção para certos princípios universais de comportamento de diversas substâncias químicas.

Sobre essa técnica na China antiga, ver volume II, página 62.

Paracelso era também um hermetista, e isso muitas vezes caracterizou sua medicina e sua química; por exemplo, ele atribuiu uma hierarquia de valores aos seus princípios, sendo o mercúrio classificado como indicativo do mais alto estado espiritual; o sal era o mais baixo. Defendia a tese de que o conhecimento não vem dos livros, no velho sentido escolástico, mas de um estudo da natureza, pois esta permitiu ao homem discernir as forças espirituais invisíveis que fazem com que os corpos se comportem da forma como são observados. Essas forças, pensava ele, chegavam a resultados por meio do "conhecimento", situado, não no observador, mas no próprio objeto. O homem só pode adquirir esse conhecimento pela união com o objeto, a união do espírito do homem com o espírito da coisa observada; trata-se da união de duas entidades astrais. Esse era, naturalmente, um ponto de vista típico da magia à moda hermética, mas é interessante que, no caso de Paracelso, o tenha levado a afirmar que o louco devia ser tratado com humanidade. O argumento que apoiava essa afirmação era que o conhecimento e a razão do homem são astrais e, uma vez que os loucos não possuem tal conhecimento astral, eles são puros e estão mais próximos de Deus. Mas, embora devamos considerar esse ponto de vista como esclarecido, não era, de modo algum, uma concepção científica da loucura.

Um grande contraste em relação a Paracelso e àqueles que partilhavam de suas opiniões foi Andreas Libavius, químico alemão que trabalhou na segunda metade do século XVI. Nascido em Halle, na Saxônia, em 1560, filho de um tecelão de linho, mesmo assim conseguiu freqüentar o ginásio em Halle e depois entrar para a Universidade de Wittenberg e, em seguida, para a de Iena. Parece ter seguido duas carreiras simultaneamente. Em Iena, acabou recebendo um doutorado e o título de poeta laureado, e, depois de lecionar por pouco tempo, a universidade o designou para a cadeira de história e poesia, embora na época ele estivesse fora, em Basiléia, estudando medicina. Aceitou o posto de médico municipal em Rothenberg e, mais tarde, o de inspetor de escolas, e não parou enquanto não foi nomeado, finalmente, em 1607, reitor da escola de Coburg. Uma universidade em tudo, menos no título, ela era uma fundação luterana, e por isso nunca recebeu a necessária licença do sacro imperador romano germânico. O próprio Libavius era um luterano ortodoxo, forte oponente dos católicos e, no fim da vida, igualmente anticalvinista. Homem muito ativo e com uma grande autoconfiança, subestimava os outros; isso o conduzia a conflitos, mesmo com amigos, e o levou a perder a maior parte da vida em polêmicas inúteis.

A gama de interesses de Libavius era muito ampla, mas suas principais contribuições, pelo menos no que nos interessa, foram seus volumosos escritos sobre alquimia; eles constituíam quase um compêndio completo do conhecimento de química de seus dias. Compreendiam uma série de conferências sobre química, escritas sob a forma de cartas a médicos bem conhecidos, e incluíam uma definição do que chamamos de química inorgânica como "estudo de minerais", a explicação de alguns termos e conceitos alquímicos obscuros, assim como uma crítica a Paracelso. Mas o mais importante trabalho de Libavius foi sua *Alquimia,* que apareceu em 1597, junto com um livro pouco importante sobre metais, e depois, em 1606, em uma edição que incorporava as duas obras. Essa segunda edição era bem ilustrada e é considerada o mais bonito texto de química publicado no século XVII. Nele, Libavius dividia a química em duas partes — uma referente aos aparelhos e procedimentos de laboratório, a outro à análise de metais, minerais e águas minerais. Suas explicações e, em particular, suas receitas práticas são extremamente claras e apresentam grande contraste em relação ao estilo bombástico tão característico de Paracelso.

Com seu próprio laboratório em casa, Libavius foi capaz de executar toda sorte de testes, e a experiência prática que adquiriu o tornou vigoroso defensor do uso de drogas químicas. Em conseqüência, consolidou algumas das opiniões e dos trabalhos de Paracelso, e em sua *Alquimia* forneceu detalhes da preparação de todas as substâncias médicas, algumas incluindo o arsênico. Durante todo o século XVII, o livro de Libavius teve ampla circulação e promoveu a iatroquímica.

Antes de deixarmos a alquimia e a protoquímica do século XVI, há ainda uma figura que deve ser mencionada, o francês Bernard Palissy. Nascido em Lacapelle-Biron, no ano de 1510, foi treinado, inicialmente, na manufatura de vidro colorido, mas desenvolveu um processo de esmaltar louça que lhe trouxe fama e uma fortuna razoável. Convertido ao protestantismo e um dos primeiros huguenotes, foi preso mas solto depois dos protestos de sua protetora, Anne de Montmorency; depois disso, decorou o novo Palácio das Tulherias e se estabeleceu em Paris, onde, surpreendentemente, começou a fazer conferências sobre alguns aspectos da história natural. Embora sem qualquer instrução formal sobre o assunto, conseguiu atrair muitos dos mais instruídos homens da capital, mas em 1588, quando a perseguição religiosa voltou a irromper, foi preso e morreu na Bastilha com a idade de oitenta anos.

Palissy demonstrou grande interesse pelos minerais e pela geologia, assunto sobre o qual teve algumas idéias originais. Foi um dos poucos homens de seu tempo a declarar que a água dos rios vinha apenas da chuva, argumentando, com grande convicção, contra todos os outros pontos de vista; escreveu sobre os poços artesianos e apresentou planos para a construção de fontes destinadas a fornecer a água doméstica. Estudou os fósseis e, como Xenofonte no princípio do século IV a.C., acreditava que se constituíam de restos de plantas e animais, embora tenha ido mais longe ao relacionar alguns deles com formas vivas, declarando que outros eram espécies extintas. Mas, para nós, seu trabalho mais interessante foi a química experimental sobre minerais. Concluiu que todos os minerais cujos cristais tivessem formas verdadeiramente geométricas deviam ter sido cristalizados na água, e classificou os sais de uma forma que mostrava um considerável conhecimento de sua natureza. Também demonstrou que o ouro bebível, um remédio muito conhecido na época, não era realmente bebível e certamente não trazia benefícios; mostrou também que o mitridato — medicamento químico composto de cerca de trezentos ingredientes — era não só inútil como maléfico. Denunciou os alquimistas dizendo que não havia qualquer esperança na transmutação

Sobre o desenvolvimento dessas idéias nos séculos XVII e XVIII, ver páginas 126-128.

de metais e desanimou os fazendeiros que, declarava, deixavam o esterco jazer em suas fazendas até que os sais úteis nele contidos se dissolvessem. De certa maneira, Palissy foi um químico agrícola incipiente, embora, é claro, o estágio da química no século XVI dificilmente pudesse levar a se acompanhar o assunto de forma científica.

Como o de Agricola e de Paracelso, o conhecimento químico de Palissy foi obtido pela experiência prática — em seu caso, pelo trabalho com vidro colorido e no desenvolvimento da cerâmica esmaltada. Esse lado prático da química, tratado por homens de grande experiência, é que constituiu uma valiosa contribuição do século XVI. Juntamente com o fracionado conhecimento esotérico das reações químicas obtido pelo alquimista, ele fez chegar, dois séculos depois, à verdadeira, disciplina científica da química.

Ilustração à página 52

Física

O desenvolvimento da física durante a Renascença é, de certa forma, frustrante. Certamente houve um progresso no estudo do magnetismo terrestre, realizaram-se alguns trabalhos em óptica e teve lugar um pequeno incremento na compreensão de algumas questões referentes à mecânica, mas mesmo assim o progresso foi pequeno. É verdade que o estudo da mecânica ganhou impulso no fim do século, mas isso se deveu principalmente a Galileu, cujo trabalho não se manifestou realmente antes do século XVII. Entretanto, seria um erro dar a impressão de que a mecânica permaneceu estática por todo o período da Renascença, embora o progresso se tenha devido principalmente aos esforços de um homem, o engenheiro flamengo Simon Stevin.

Stevin nasceu em 1548, na cidade de Bruges, filho ilegítimo de ricos cidadãos. Pouco se sabe a respeito do início de sua vida, embora seja certo que trabalhou num posto do governo local, ligado a finanças, em Bruges e Antuérpia, e que viajou para a Noruega, a Polônia e Prússia quando tinha vinte e poucos anos. Ao regressar, estabeleceu-se no norte dos Países Baixos, então uma emergente potência independente que já estava sacudindo a dominação da Espanha e da Inquisição, embora ainda necessitasse de um grande exército para consolidar suas defesas e garantir a liberdade para desenvolver sua construção naval e seu comércio antes de poder atingir a total condição de nação holandesa. Em 1581, Stevin estudava em Leyden e dois anos depois matriculou-se na recém-fundada universidade. Tinha então 35 anos, uma idade avançada para se iniciar um curso universitário, mas se saiu tão bem que em breve estava ensinando matemática nessa instituição. Em 1593, por recomendação do governante, o príncipe Maurício de Nassau, que fora um de seus alunos, Stevin foi designado "castrametador" dos exércitos holandeses. Esse poderoso posto envolveu Stevin não só em engenharia militar e na preparação das defesas, como também acabou por torná-lo administrador financeiro e membro do conselho governamental do país. Ele deu início à prática de separar as contas pessoais do governo das do Estado e introduziu o método italiano de contabilidade de partida dobrada.

Stevin trabalhou também em Haia, onde morreu, em 1620, e foi no norte dos Países Baixos que se sentiu estimulado a fazer suas contribuições à matemática e à mecânica. A matemática de Stevin, que estava relacionada com o importante problema do simbolismo algébrico, será tratada mais tarde, mas sua mecânica não era menos valiosa e apareceu em três livros, todos escritos em holandês, publicados em Leyden por Plantin, em 1586. O principal deles foi *Princípios de estática,* embora os outros dois — *Aplicações de estática* e *Princípios de hidrostática* — também tenham sido importantes.

Em *Princípios de estática,* Stevin continuou o trabalhou iniciado dezoito séculos antes por Arquimedes. Estudou a teoria da alavanca, o centro de gravidade dos corpos e, acima de tudo, o teorema do comportamento dos corpos em um plano inclinado. Foi quando tratava deste último que Stevin anunciou sua mais importante descoberta, a lei do plano inclinado. Ele demonstrou essa lei por meio de um *clootcrans,* ou colar de esferas. Tal como mostra a ilustração original, usou dois planos inclinados, um com o dobro do comprimento do outro e com um colar de esferas pendurado em torno deles. Como o colar não rodará por si mesmo, as esferas penduradas (esferas G, H, ... até O) podem ser abandonadas. Torna-se claro, portanto, que o colar de esferas estático P, Q, R e D, à esquerda, deve ter a mesma tração que as duas esferas E e F. Em outras palavras, a tração para baixo, na direção do centro da Terra, é inversamente proporcional ao comprimento do plano inclinado; ou, quanto menor o comprimento do plano, maior a força. Se o triângulo fosse torcido, de tal forma que um dos planos passasse a ser vertical, teríamos então a situação mais simples, em que o peso das esferas no plano vertical deve equilibrar o peso daquelas do outro plano (que agora é horizontal) na mesma proporção da altura do plano vertical em relação ao comprimento do horizontal. Essa foi uma descoberta profunda, e Stevin a obteve com base em uma argumentação e uma dedução cuidadosas; executou o que pode ser chamado uma "experiência pensada", cujos resultados constituem fundamento do que agora chamamos o "paralelograma de forças", tão fundamental no problema da estática. Quando chegou à sua elegante e simples conclusão, observou (e escreveu acima de seu diagrama): *"Wonder en is gheen wonder"* ("O que parece uma maravilha não é uma maravilha").

Princípios de hidrostática de Stevin foi o primeiro livro sistemático sobre o assunto, desde Arquimedes, e deu uma simples e abrangente exposição do deslocamento quando um corpo é mergulhado na água. Inclui também uma explicação do "paradoxo hidrostático", a lei que estabelece que a força exercida por um líquido sobre o fundo do recipiente que o contém depende apenas da superfície sob pressão e da altura do líquido acima dela, e nada tem a ver com a forma do recipiente. Sua explicação incluía a descrição de uma experiência, simples mas eficaz, para demonstrar o princípio.

Clootcrans ou colar de esferas de Simon Stevin

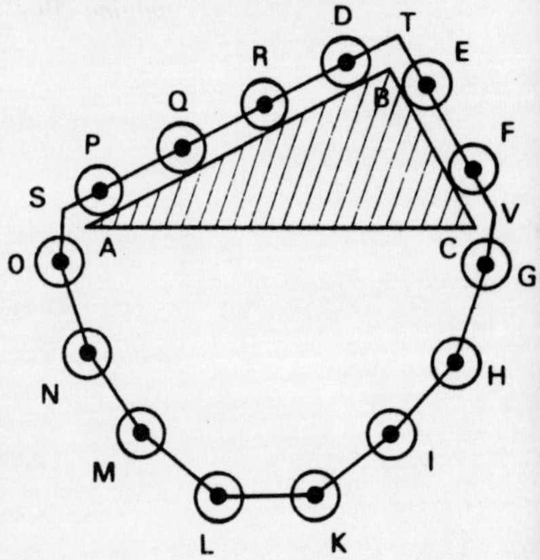

Ilustração à página 53
Sobre a descoberta do princípio do deslocamento por Arquimedes, ver volume I, página 119.

Além disso, Stevin publicou pequenos tratados estabelecendo aplicações práticas de alguns princípios mecânicos, enquanto seu trabalho militar o levou a escrever também sobre fortificações e acampamentos de campanha, eclusas e barragens, e a força dos ventos e moinhos de vento, assunto em que ele introduziu alguns melhoramentos detalhados em matéria de engenharia. Portanto, seus interesses eram amplos, pois ele também escreveu sobre astronomia, apoiando os novos pontos de vista de Copérnico, vida cívica (seu livro incluía um guia para os cidadãos em períodos de desordem civil) e escalas musicais. Estes últimos textos continham a primeira descrição no Ocidente da afinação de "igual temperamento", embora, como a publicação de Stevin não tivesse aparecido até pouco antes de 1620, não esteja claro se essa foi uma descoberta independente. De qualquer forma, seu sistema era semelhante ao usado pelo príncipe chinês Chu Tsai-Yu (Zhu Zai-You) em 1585, e não é possível que Stevin tivesse conhecimento desse trabalho, pois parece que ele conhecia a invenção chinesa da carruagem a vela, que fora relatada na Europa em 1585.

Sobre a escala musical chinesa, ver volume II, página 59.

Os holandeses eram um povo marítimo, e não surpreende que Stevin também se interessasse por problemas de navegação. Alguns deles eram matemáticos, preocupados com a rota que um navio deveria seguir para evitar perder-se. Nisso, Stevin defendia a navegação segundo uma loxodroma, ou linha de rumo, que sempre mantém o mesmo ângulo com todos os meridianos, mas a proeza estava acima das possibilidades dos marinheiros da época, e, portanto, sua idéia só foi usada mais tarde. As viagens transoceânicas eram carregadas de dificuldades naquela época e, como veremos (capítulo 8), faziam-se grandes esforços no século XVII para tentar resolver o problema de determinar a longitude no mar. Stevin escreveu a respeito desse problema, dando, outra vez, explicações muito claras, especialmente de um sistema no qual sugeria que a agulha magnética pudesse atuar como guia para a longitude. Isso devia ser feito medindo-se a diferença entre os nortes verdadeiro e magnético, já que se sabe que essa diferença não é a mesma em todos os pontos da superfície da Terra. Foi um método que, mais tarde, demonstrou não ser válido, pois se descobriu (no século XVII) que a variação não era constante, mas mudava com o tempo.

A menção ao trabalho de Stevin sobre a navegação e o uso do ímã leva-nos a abordar o próprio magnetismo, o qual, após a descoberta da bússola magnética pelos chineses, começa a despertar interesse e comentários. O primeiro a escrever sobre o assunto no Ocidente foi Peter Peregrinus, no século XIII. Parece que era um membro do exército de Carlos d'Anjou, rei da Sicília, que exercia as funções de engenheiro militar. Pouco se sabe sobre o próprio Peregrinus, exceto que era um grande adepto de Roger Bacon; é lembrado hoje em dia por seu tratado em duas partes, *Carta sobre o ímã, de Peter Peregrinus de Maricourt a Syergus de Foucaucourt, soldado*. Quem era Syergus, não se sabe! A carta é datada de 1269 e, além de descrever a magnetita e suas propriedades, define a propriedade do ímã de apontar sempre para o norte e menciona pela primeira vez o termo "pólo magnético". Peregrinus explica também como um ímã, quando partido em dois, se transforma em dois ímãs. A *Carta* contém uma tentativa de aplicar a força magnética para gerar o movimento perpétuo, mas muito mais importante é a menção da declinação magnética (o fato de que o ímã aponta para o norte magnético, e não para o verdadeiro norte geográfico).

FÍSICA

Sobre os estudos de magnetismo pelos chineses, ver volume II, página 59.

Nada mais foi publicado sobre o assunto depois da impressionante *Carta* de Peregrinus até a Renascença. O primeiro livro a esse respeito só apareceu em 1581: *Uma nova atraente,* do fabricante de instrumentos inglês Robert Norman. Continha não somente "um pequeno discurso sobre o ímã ou magnetita", mas também um "novo segredo descoberto" sobre seu comportamento, o fenômeno hoje chamado de "inclinação" magnética e que se refere à inclinação da agulha magnética em relação à horizontal, a qual difere de um lugar para outro. Seu descobridor original foi outro fabricante de instrumentos, George Hartmann, que em 1544 descreveu o fenômeno em uma carta ao seu patrocinador, o duque Alberto da Prússia — mas a carta nunca foi publicada e permaneceu desconhecida até o século XIX. A descrição de Norman da inclinação era quase certamente devida a uma descoberta independente, e não há dúvida de que ele foi o primeiro a divulgá-la ao mundo.

Decerto o trabalho mais significativo sobre o magnetismo realizado durante a Renascença foi feito por William Gilbert, de Colchester, que nasceu em 1540 e estudou medicina em Cambridge. Sua vida após essa fase é um tanto nebulosa; a única coisa certa que sabemos a seu respeito é que nos meados da década de 1570 ele praticava medicina em Londres. Em breve viria a se tornar um dos médicos mais preeminentes de Londres, e em 1600 foi designado médico da rainha Elizabeth I e, após a morte dela, do rei Jaime I. A fama de Gilbert provém de seu livro *De magnete,* publicado em Londres em 1600. O livro revela seu profundo conhecimento do magnetismo, pois discute o assunto com detalhes, considerando não apenas a bússola magnética, mas também o comportamento do ímã propriamente dito e seus poderes de atração e repulsão. Foi o mais completo tratado sobre o assunto realizado desde o tempo de Peter Peregrinus — sem dúvida o tratado mais completo — e foi amplamente aclamado, tanto na Inglaterra como no continente europeu; foi reeditada em 1628 e novamente em 1633. Gilbert escreveu também cosmologia, mas suas idéias não foram publicadas até quase meio século depois de sua morte, em 1603; com o *De magnete,* ele conquistou um lugar na história da ciência.

Ilustração à página 130

Gilbert fazia uma clara distinção entre a atração exercida pelo âmbar — atração eletrostática (embora ele não a designasse por esse termo) — e a atração magnética. Explicou como cada ímã é envolto por uma "órbita invisível de virtude" e como essa propriedade afeta qualquer ferro, que esteja em sua vizinhança. Então, após discutir outras propriedades, Gilbert mostrou como um pequeno ímã em for-

DA RENASCENÇA
À REVOLUÇÃO
CIENTÍFICA

Sobre o desenvolvimento do trabalho de Gilbert no século XVIII, ver página 117.

ma de esfera poderia desempenhar o papel da Terra, enquanto, com o auxílio de pequenos ímãs, demonstrou o comportamento do que hoje chamaríamos de campo magnético do planeta. Partindo do princípio de que a própria Terra é um ímã gigante, relatou a declinação e a inclinação magnética, bem como as propriedades da agulha da bússola de sempre apontar para o norte ou o sul. Essa teoria revelava certamente uma idéia nova, mas para Gilbert ela era apoiada em provas experimentais, e deveria dar frutos nos séculos seguintes, particularmente no nosso, no qual o estudo do magnetismo terrestre tem se desenvolvido de modo notável.

Quanto às idéias cosmológicas de Gilbert, muitas vezes foram consideradas sem significação e, à luz do que aconteceu na época em que foram publicadas, é uma crítica bastante válida. Algumas delas, contudo, aparecerem em *De magnete,* apesar do fato de já terem sido parcialmente superadas. Não obstante, sua afirmação de que a Terra girava diariamente em torno de seu eixo deve ter exercido alguma influência, particularmente quando ele demonstrou que essa asserção se harmonizava com suas idéias de uma Terra magnética. Gilbert também negava a existência de sólidas esferas celestes que transportassem os planetas em seus movimentos orbitais, mas isso, como veremos, já estava se tornando uma hipótese insustentável entre os astrônomos; talvez devido ao aumento do interesse literário estimulado com a cheria heliocêntrica de Copérnico.

Outro ramo da física que recebeu alguma atenção durante a Renascença foi a óptica. Óculos para ajudar as pessoas com problemas visuais tinham sido introduzidos na Itália por volta do final do século XIII, e no século XVI eram amplamente usados em toda a Europa, talvez devido ao aumento da aptidão literária estimulado com a chegada dos livros impressos. Na verdade, nessa época esses aparatos passaram a ser encarados como símbolos de sabedoria e até de santidade, aparecendo algumas vezes em pinturas que mostravam os evangelistas de óculos e, numa delas, o Menino Jesus. Essa preocupação com os óculos estava destinada a estimular um interesse pela óptica das lentes, interesse que fora também encorajado por traduções das obras de Al-Haytham.

Os dois mais antigos escritos sobre óptica a serem impressos foram um livro de John Pecham, escritor do século XIII que tentou reconciliar os diferentes pontos de vista das antigas autoridades, e um texto do século XIII, a *Perspectiva,* de Witelo, clérigo polonês; Witelo deve ter baseado a maior parte de suas idéias nos conceitos de Herão da Alexandria, bem como nos de outros autores antigos, mas contestava as concepções de Pecham, Grosseteste e Roger Bacon ao aceitar entusiasticamente a crença de que não havia qualquer emissão de raios visuais a partir do olho. Witelo também aprovou o conceito de Al-Haytham segundo o qual o humor líquido existente no centro do olho é a parte do órgão sensível à luz, quebrando assim, novamente, a tradição medieval. Em seu livro, ele tratou da refração, e embora suas representações gráficas, supostamente baseadas em ex-

Página oposta. Acima à esquerda: mapa "T-O" do mundo, século XIV. O "O" é formado pelo oceano. A metade superior do mapa é preenchida pela Ásia, Jerusalém, mar Vermelho e Egito; embaixo, à esquerda, está a Europa, com a Itália e a Espanha, enquanto a África situa-se à direita, embaixo. Biblioteca Nazionale Marciana, Veneza; *acima, à direita.* Gerhard Mercator *(à esquerda)* e seu colaborador, Jesse Hondius. Eles compilaram o primeiro "atlas" (1595), e, independentemente, inventaram a primeira projeção que podia ser usada com facilidade pelos marinheiros; sua introdução da gravura em cobre permitiu um alto grau de detalhamento nesses mapas e cartas. Biblioteca Britânica, Londres; *abaixo, à esquerda:* reconstituição da torre do relógio do século XIV do Castelo de Dover, incorporando o escapo com âncora e foliote. O desenvolvimento de intrincados mecanismos para marcar o tempo estimulou tanto os avanços científicos como os tecnológicos durante a Renascença. Museu da Ciência, Londres.

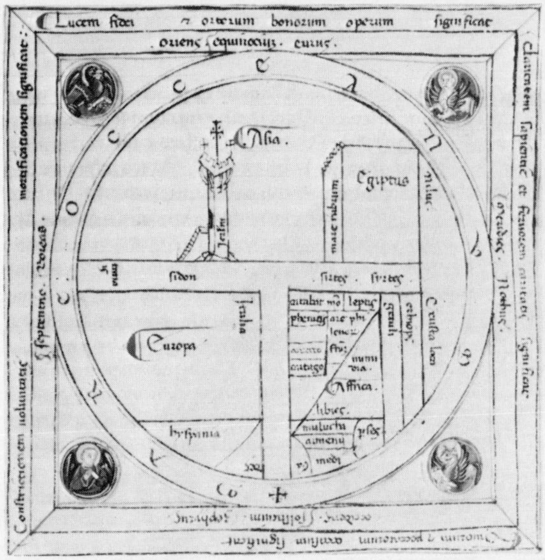

Acima. John Dee (1527-1608), matemático, alquimista e astrólogo inglês, inspirado pelo hermetismo e típico dos estudiosos da Renascença que seguiam seus estudos ocultistas, com rigor científico. Museu Ashmolean, Oxford.

Mare Indicum

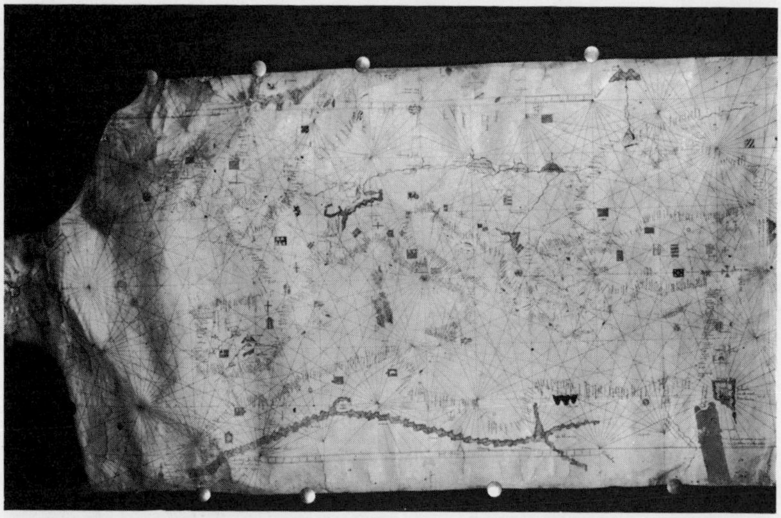

À esquerda. Carta "portuária" do século XIV, indicando as costas e os portos do Mediterrâneo e o litoral atlântico da Europa, com base na experiência dos marinheiros. Biblioteca Britânica, Londres.

Página oposta. O globo terrestre mais antigo conhecido, de acordo com as idéias ptolomaicas e elaborado por Martin Behaim, em 1492. Essa ilustração mostra a costa da África Oriental e o oceano Índico. Germanisches National-museum, Nuremberg.

À esquerda. Prensa tipográfica alemã de 1522; a difusão da impressão nos setenta anos anteriores acelerou a criação de uma comunidade de cientistas, fazendo com que as idéias e ilustrações científicas se tornassem disponíveis a um grande número de pessoas.

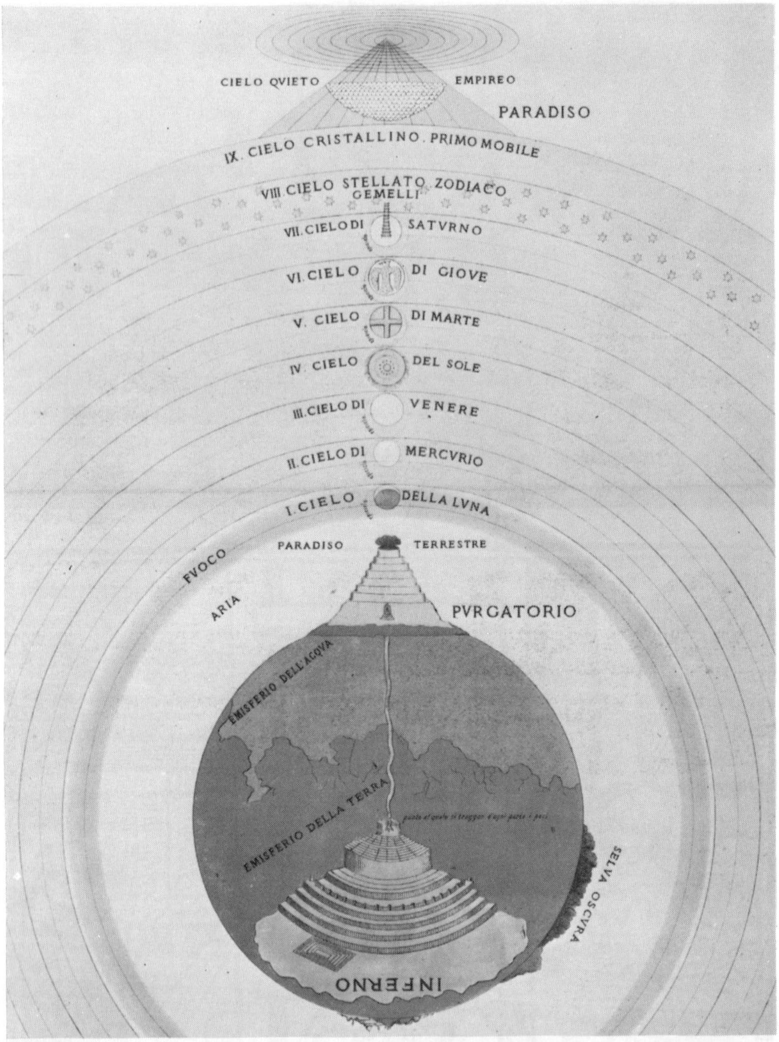

À direita. O universo tal como concebido por Dante, por volta de 1300, combinando a visão cristã do Céu, Purgatório e Inferno com o conceito aristotélico das esferas. De um estudo feito por Michelangelo Caetani (1872).

À direita. O açougue, de Annibale Carraci (1560-1609), notável exemplo de secularismo, realismo e interesse anatômico na arte da Renascença. Christchurch, Oxford.

Acima. Hermes Trismegisto em pé sob uma esfera armilar, conversando com astrônomos, em um afresco dos apartamentos dos Borgia, no Vaticano, pintado por Pinturicchio (c. 1454-1513).

Acima, à esquerda. Detalhe da *Primavera,* de Sandro Botticelli (c. 1444-1510), pintura que combina as imagens cristãs e pagãs com princípios herméticos e neoplatônicos. Galleria degli Uffizi, Florença.

À esquerda. A caravela usada por Colombo, de acordo com uma tapeçaria contemporânea. A arte da navegação em alto-mar induziu uma nova perspectiva científica independente entre muitos filósofos da Renascença.

PICTORES OPERIS,

Heinricus Füllmaurer. Albertus Meyer.

SCVLPTOR

Vitus Rodolph. Speckle.

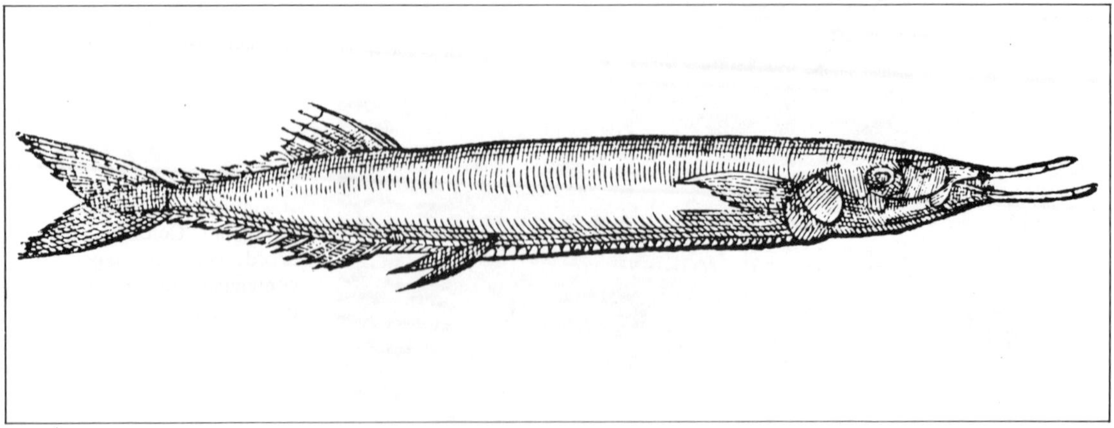

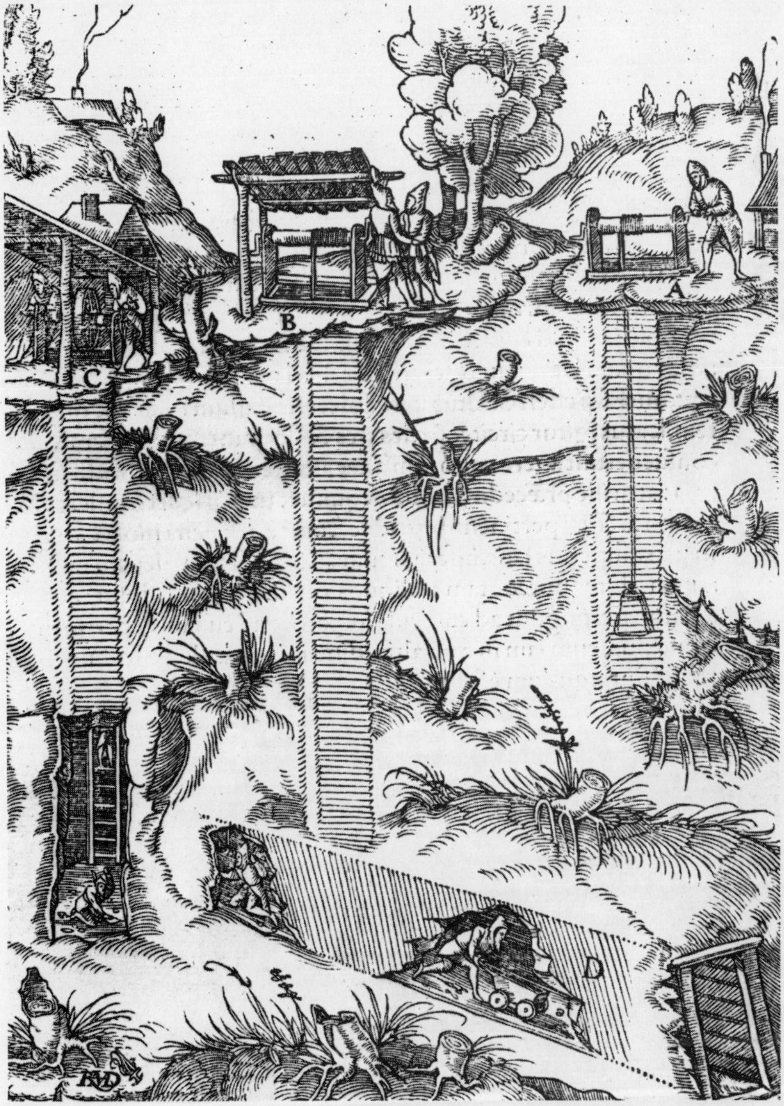

À esquerda. Diagrama de uma mina, extraído de *De re metallica* (1556), de Bauer (Agricola).

Página oposta. Os colaboradores da *De historia Stirpium* (1542), estudo botânico que marcou época: Leonhard Fuchs, autor *(extrema esquerda),* Heinrich Füllmaurer e Albrecht Meyer, artistas (*acima*), e Rudolph Speckle, gravador (*centro*).

Página oposta, abaixo. O síngnato, do *Livro dos peixes marinhos,* de Rondelet (1553).

Abaixo, à esquerda. Xilogravura de um camelo, da *História de animais,* de Konrad Gesner, 1587.

Abaixo. Xilogravura da planta *Euphorbia* (um tipo de eufórbia), do *Neu Kreütterbuch,* de Jerome Bock, 1551. Essa planta era considerada eficiente para a depilação e as dores de dentes.

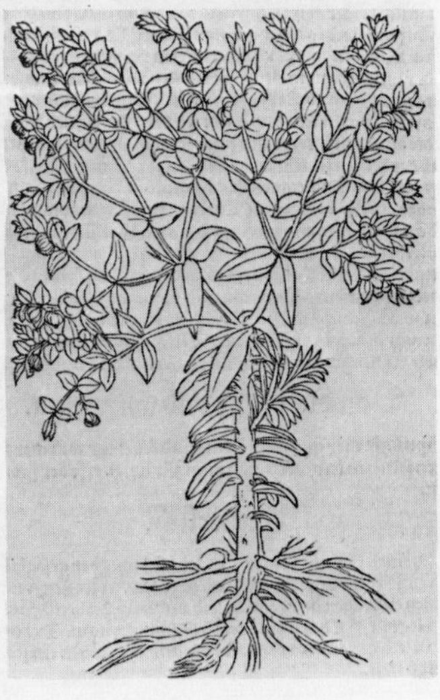

À esquerda. Frontispício de *Ars magna, lucis et umbrae,* de Athanasius Kircher, 1671. Kircher contribuiu com estudos de biologia, óptica, telescopia e microscopia, mas esta ilustração revela a fusão desses interesses com o simbolismo hermético.

Página oposta. Pintura de relva (1503), de Albrecht Dürer, com atenção aos detalhes realísticos dseconhecidos na arte medieval. Graphische Sammlung Albertina, Viena.

Abaixo e abaixo à esquerda. Dois esboços anatômicos de Leonardo da Vinci (1452-1519), mostrando o detalhado conhecimento obtido a partir de repetidas e cuidadosas dissecações de cadáveres. Nesses estudos ele levou a anatomia muito além dos limites de sua época, mas seu trabalho esteve perdido, em grande parte, durante muitos séculos. Biblioteca Real, Castelo de Windsor.

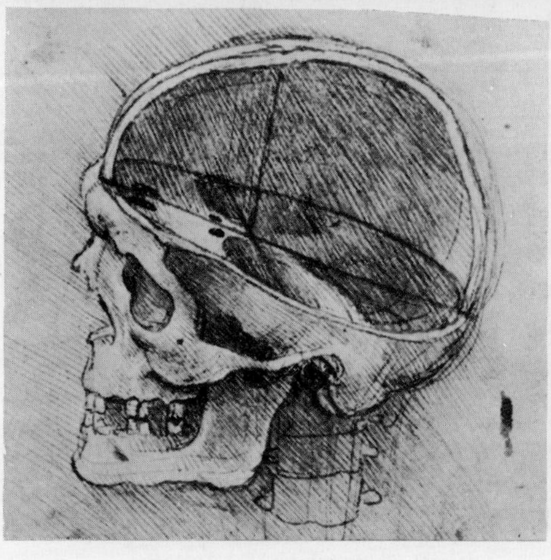

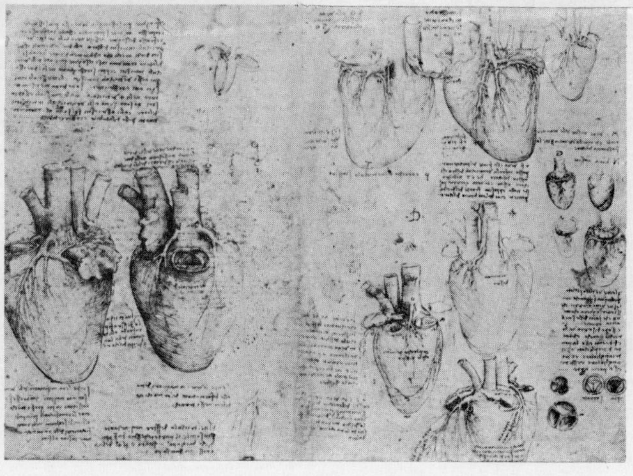

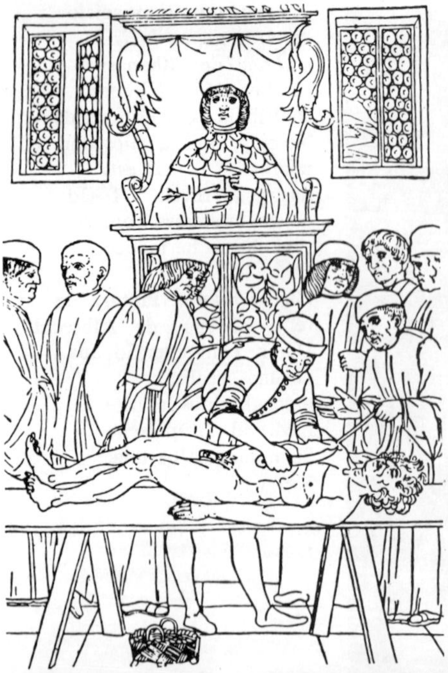

ANDREAE VESALII
BRVXELLENSIS, SCHOLAE
medicorum Patauinae professoris, de
Humani corporis fabrica
Libri septem.

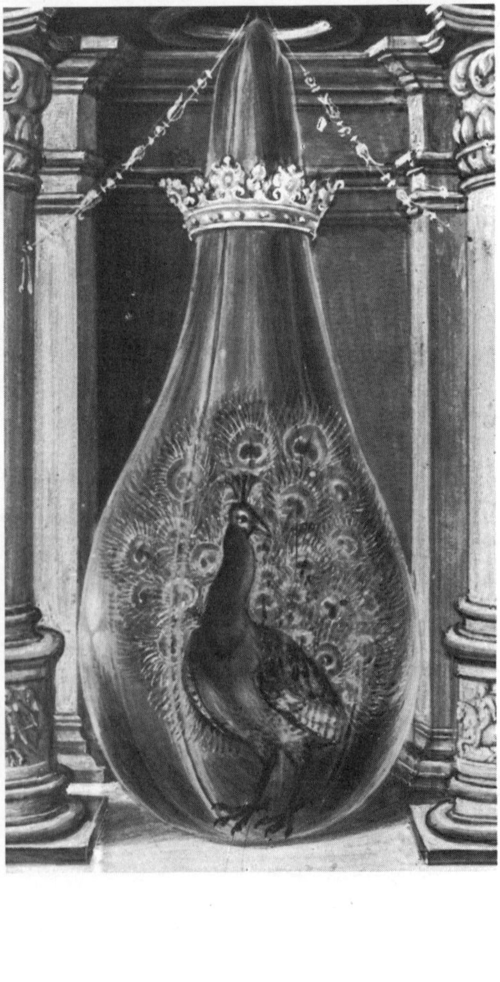

À esquerda. Musculatura superficial, extraída da *Organização do corpo humano,* de Vesálio.

Página oposta, à esquerda. Uma lição de anatomia em Pádua no século XV; o professor faz a conferência enquanto o assistente demonstra o que está sendo descrito. Do *Fasciocolo di medicina,* de Johannes de Ketham, 1493. Para comparação *(página oposta, abaixo, à esquerda),* na página título da *Organização do corpo humano,* de André Vesálio, 1543, o próprio professor executa a dissecação e argumenta de acordo com a evidência à sua frente, não com idéias preconcebidas.

Página oposta, acima, à direita. Um laboratório de ensaios representado na *De re metallica,* de Bauer (1556), o primeiro manual prático e técnico ocidental de mineralogia.

Página oposta, abaixo, à direita. O "Vaso de Hermes", ilustrado no tratado de alquimia hermético, *Esplendor do sol.* Esse "vaso" era um recipiente favorecido, pelas qualidades místicas de sua forma, para certas reações alquímicas, no século XVI. Biblioteca Britânica, Londres.

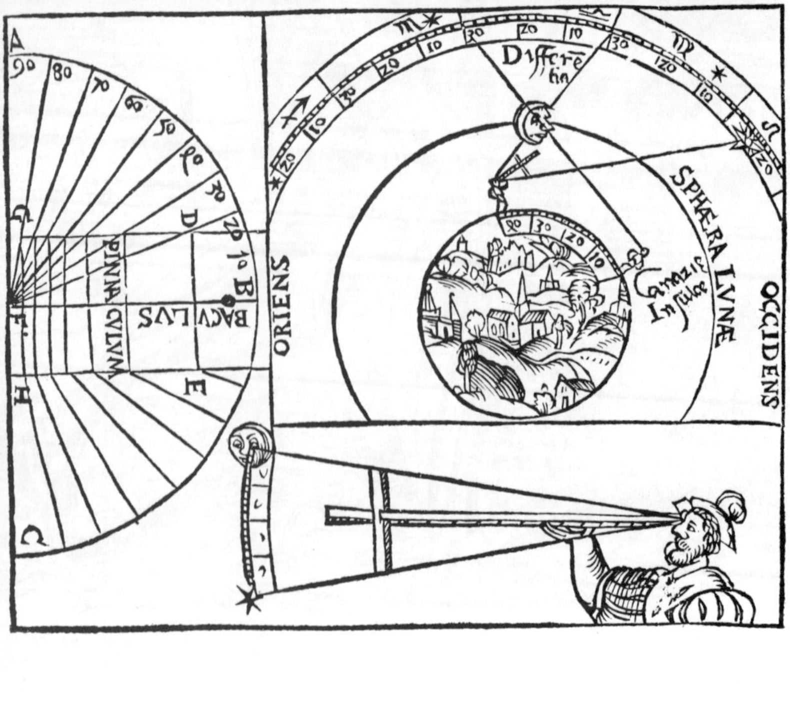
Differentia
SPHÆRA LVNÆ
OCCIDENS
ORIENS
BACVLVS
PINNACVLVM
Canarie Insulae

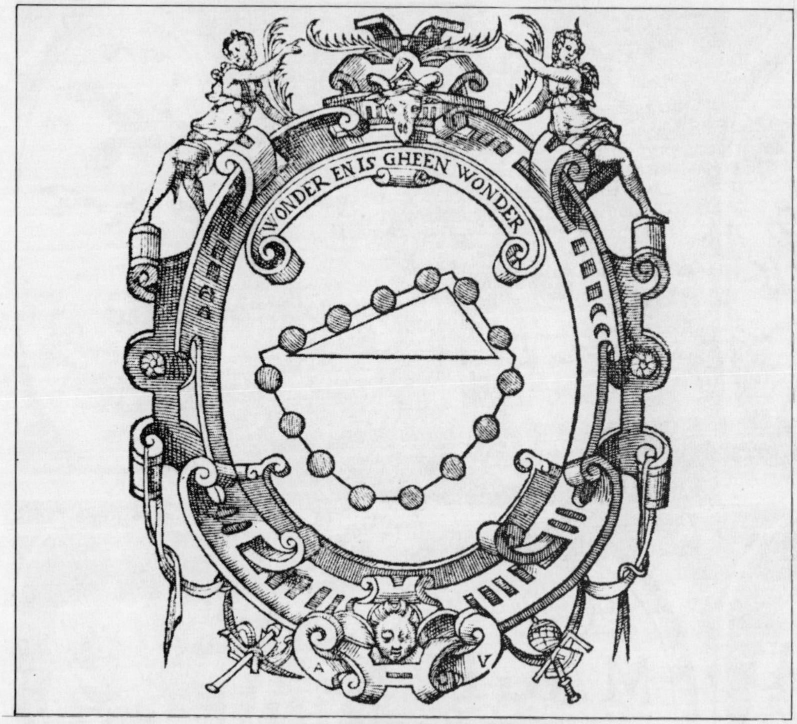

À esquerda. Frontispício dos *Princípios de estática,* de Simon Stevin (1586), mostrando os *clootcrans* e ostentando a inscrição "O que parece ser uma maravilha não é uma maravilha".

Página oposta, acima. Pintura de um alquimista (1661) por Adriaen van Ostade. Esse assunto era tratado, em meados do século XVII, como imagem da loucura humana, enquanto os avanços científicos em outros campos tornaram obsoletos os princípios da alquimia. Galeria Nacional, Londres.

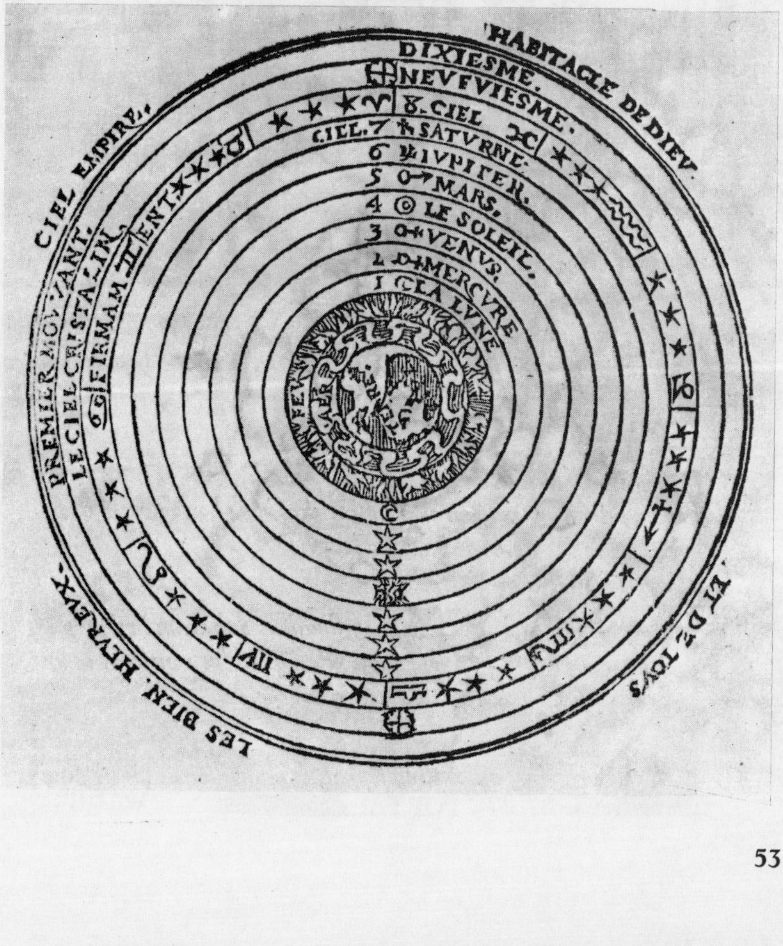

À esquerda. O universo geocêntrico, tal como imaginado por Peter Apian, em *Cosmografia.*

Página oposta, abaixo, à esquerda. Retrato de Von Hohenheim, mais conhecido como Paracelso (1493-1541).

Página oposta, abaixo, à direita. Uso de uma balestilha para medir as alturas dos corpos celestes. Da *Cosmografia* de Peter Apian (1539). Juntamente com o astrolábio, a balestilha era inestimável para o cálculo da latitude.

Chaos
Fire:
Ayre:
NATURAL
MAGICK:
in xx Bookes
by
IOHN BAPTIST PORTA
a Neopolitane:
R Gaywood fecit Lond:
1658
Art:
Nature:
Earth:
I. BAPT: PORTA:
Water:

À esquerda. Nicolau Copérnico (1473-1543), com uma esfera armilar.

Página oposta. Frontispício da *Magia natural,* de Giambattista della Porta, em sua edição inglesa de 1658. Esse livro era uma mistura de pontos de vista científicos e outros de reputação menos séria; o conceito de "filosofia natural", no século XVI, permitia a especulação em uma gama de assuntos mais ampla do que o posterior conceito de "ciência".

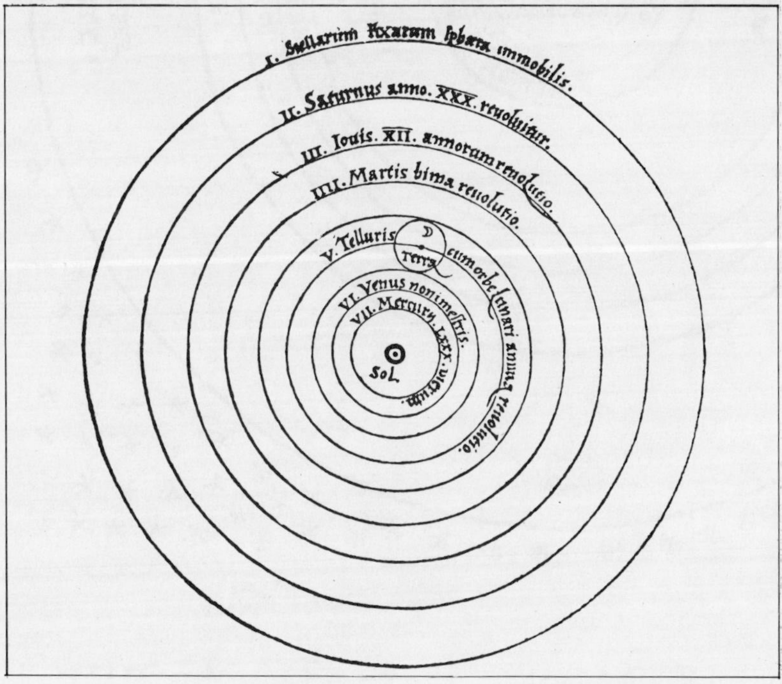

À esquerda. Diagrama do sistema heliocêntrico de Copérnico, com a Terra e os planetas em órbita em torno do Sol; de *De revolutionibus* (1543).

A perfit description of the Cælestiall Orbes,

according to the most auncient doctrine of the Pythagoreans. &c.

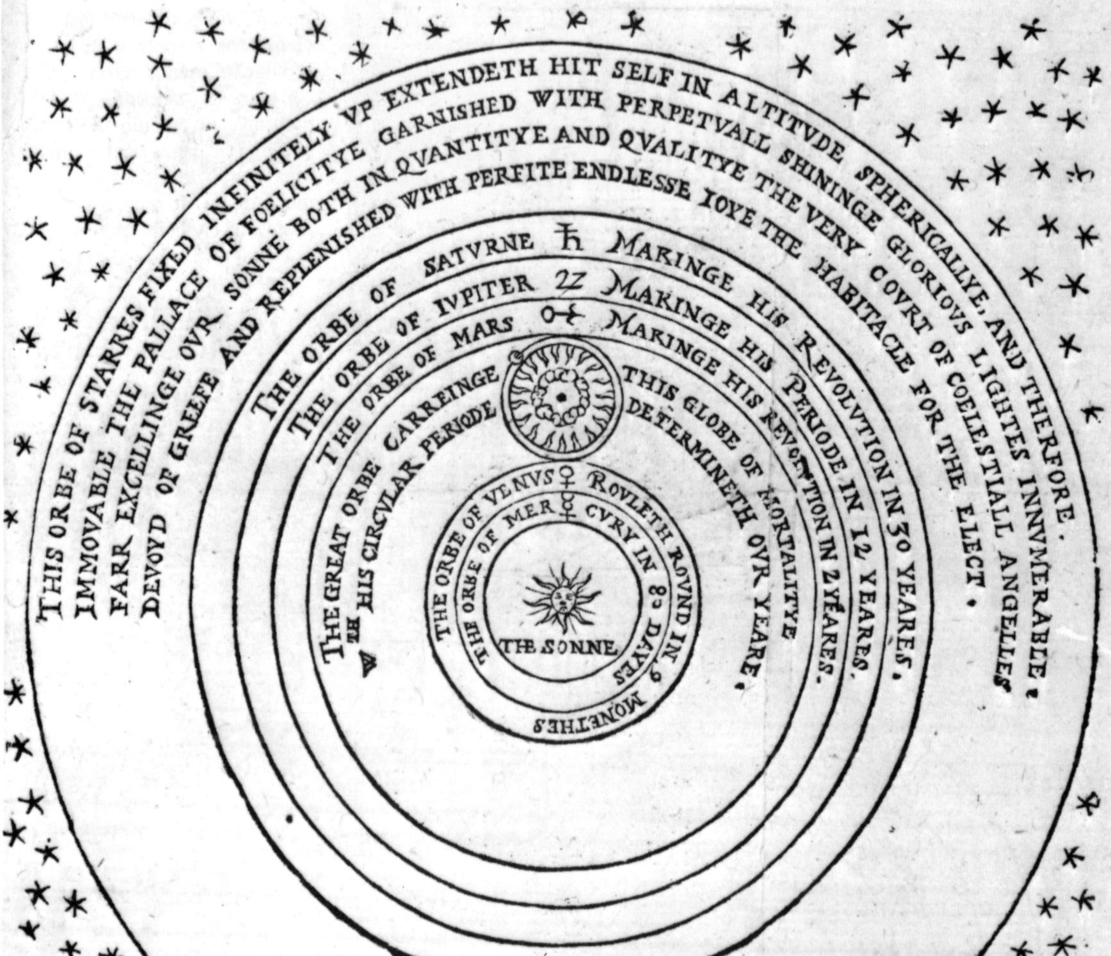

perimentação, não correspondessem de fato ao fenômeno, suas idéias estimularam muito o interesse por essa matéria quando apareceram impressas. Também de grande influência foi o próprio trabalho de Al-Haytham, do qual surgiu uma edição impressa em 1572. Os dois últimos — os trabalhos de Witelo e Al-Haytham — estimularam o aparecimento de muitos estudiosos de óptica, embora a Renascença já tivesse presenciado algumas incursões nesse campo por aqueles que tinham acesso aos manuscritos. Um deles foi Francesco Maurolico.

Sobre a descrição do trabalho do olho por Al-Haytham, ver página 111; sobre Grosseteste e Bacon, ver páginas 139-143, todas no volume II.

Nascido em 1494, em Messina, de pais gregos, Maurolico, também conhecido como Maurolycus, foi inicialmente um matemático a serviço do sacro imperador romano germânico Carlos V. Era um dos melhores mestres de matemática de seu tempo e escritor prolífico, autor de uma história da Sicília, um livro de astronomia e uma série de traduções e comentários sobre escritores antigos; entretanto, é por seu trabalho em óptica que ele é hoje lembrado. Ele completou seu *Photismi de lumine* ("Luz referente à luz") em 1567, e tratava da projeção de sombras, da reflexão, da formação do arco-íris, da estrutura do olho humano, das várias espécies de óculos disponíveis e sua função. Continha também métodos de medição da intensidade da luz e incluía uma descrição do calor radiante. Em suma, o *Photismi* era um vade-mécum da óptica do século XVI — "o melhor livro de óptica da Renascença", como foi chamado —, mas não revelava novas descobertas e exerceu muita influência, já que foi publicado depois de 1611, meio século depois de ter sido escrito, e então o telescópio já fora inventado, de modo que seu impacto foi inevitavelmente menor.

Os dois outros textos de óptica do século XVI foram escritos por Giambattista della Porta (1535-1615). Personalidade brilhante, Della Porta passou a maior parte da sua vida em Nápoles. É hoje lembrado principalmente por sua *Magia natural,* livro publicado pela primeira vez em 1558, seguido de uma segunda edição bem ampliada em 1589, e foi esta segunda edição que lhe deu fama.

Della Porta parece ter sido um autodidata, com inclinação pela ciência. Em 1585, aos cinqüenta anos, tornou-se um irmão leigo dos jesuítas, tomando parte em seus trabalhos de caridade em Nápoles, e parece ter sido um devotado participante da Contra-Reforma. Apesar de tudo, em 1580, antes de se juntar aos jesuítas, foi inquirido pela Inquisição e, entre 1592 e 1598, todas as suas obras foram proibidas. Desconhecem-se os motivos que o levaram a submeter-se a esse julgamento, mas parece ter algo a ver com seu interesse pelas academias da Itália do fim da Renascença. Em Nápoles havia diversas "academias" — sociedades compostas por aqueles que tinham um interesse em comum —, mas em 1547 elas foram fechadas por serem consideradas ambientes favoráveis ao aparecimento de intriga política. Entretanto, em 1552 foram reabertas, e uma delas, a Altomare foi um centro literário notável; alguns dos amigos de Della Porta pertenciam a essa sociedade, mas ele fundou sua própria organização, a Accademia dei Segreti (Academia dos Segredos), ou, de modo mais completo,

Página oposta. Desenho de um universo infinito extraído do *Prognóstico eterno,* de Leonard e Thomas Digges (1576). Esse trabalho foi de grande importância por se opor à antiga idéia de uma esfera de estrelas, e a teoria foi adotada por Giordano Bruno. O possível uso de um telescópio para descobrir novas estrelas pode ter auxiliado na formulação dessa teoria.

Academia dos Segredos da Natureza, que se reunia em sua própria casa. Não se sabe quando ele fundou essa academia, mas foi certamente antes de 1580; só por seu título deve ter causado preocupação à Inquisição e, mais tarde, parece que esta a fechou.

A *Magia natural,* de Della Porta, tratava dos segredos da natureza, fruto de notas que ele começou a colecionar quando tinha quinze anos; o título *Magia natural* foi escolhido porque "a magia nada mais é do que o levantamento de todo o processo da natureza"; segundo a tradição hermética e as crenças mais ortodoxas neoplatônicas, havia uma ordenação natural das coisas, e Della Porta usou um título que tirou o máximo partido disso. Quanto ao conteúdo, é uma impressionante mistura de trivialidades e assuntos de genuíno interesse científico. Assim, temos fórmulas de tintas invisíveis e uma para "fazer uma mulher ficar cheia de pústulas vermelhas", ao lado de sérias discussões sobre agricultura, magnetita, métodos de endurecimento do aço e experiências sobre estática e pneumática. A seção dedicada à óptica é típica do restante do livro; há instruções para a confecção de um espelho para alguém "parecer-se com um burro, um cão, uma porca" e "outros alegres esportes com espelhos planos"; contudo, algumas páginas adiante surge uma séria discussão sobre o espelho côncavo. Descreve-se a produção de uma imagem virtual — "uma imagem vista pendurada totalmente no ar" — e as lentes, inclusive óculos para ver à distância, embora a descrição de Della Porta seja bastante superficial, talvez porque ele ainda desejasse manter esse instrumento em segredo.

Sobre descrições anteriores de lentes usadas de maneira semelhante, *ver volume II, páginas 140-142.*

Não obstante, Della Porta deixa claro que, usando combinações de vidros côncavos e convexos, podem-se ver mais claramente coisas que estejam "tanto bem longe como perto". A partir dessas observações suspeita-se que ele teria experimentado combinações de lentes até encontrar os princípios que regem o funcionamento do telescópio e do microscópio composto. Essa suposição é fortalecida pelo fato de que, em 1593, ele publicou um livro sobre refração *(De refractione),* no qual novamente relata experiências com várias combinações de lentes convexas e côncavas. Esse livro também contém a primeira descrição de uma câmara escura equipada com uma lente. Surge então a pergunta óbvia: Della Porta inventou o telescópio? Essa dúvida deve-se ao fato de ele se referir à "maior claridade", como se seu objetivo se limitasse apenas à procura de imagens mais pronunciadas; contudo, na *Magia natural* ele também fala "em ver coisas bem distantes", e há outro fato curioso — que discutiremos mais detalhadamente no próximo capítulo — que evidencia seu conhecimento do princípio do aparelho. Isso é o que se pode esperar de um experimentador da Renascença. Além disso, ele escreveu um trabalho não publicado intitulado *De telescopiis,* embora isso infelizmente não encerre a controvérsia; parece que ele foi longe demais e se perdeu. Talvez seu problema tenha sido, em parte, a qualidade óptica muito inferior das imagens que obteve com a combinação de lentes — problema que mais tarde iria atormentar Galileu — e o fato de também ter procurado usar um espelho côncavo como instrumento telescópico: um telescópio de reflexão bem-sucedido não apareceria senão cerca de um século depois.

FÍSICA

Matemática

A matemática floresceu durante a Renascença e exerceria um importante papel no desenvolvimento de outros ramos da ciência. Durante os estágios iniciais da Revolução Científica, a matemática ajudou a esclarecer o comportamento da Lua e dos planetas em seu movimento pelo céu, assim como a resolver alguns problemas básicos de mecânica. O grande desenvolvimento da aplicação de técnicas matemáticas a problemas científicos atingiu seu pico nos séculos XVII e XVIII, mas os seus fundamentos foram lançados no século XVI.

Na Renascença, as primeiras aplicações da matemática se verificaram no comércio e nas artes. A tradução de textos clássicos e árabes tornara possível discutir a matemática do dia-a-dia, e propiciara o acesso ao texto completo de Euclides, primeiro em manuscrito e depois em livros impressos. As primeiras edições apareceram na Itália no fim do século XV, sendo a elegante edição veneziana de Erhard Ratdolt, de 1482 (a primeira impressão em que se empregou um tom dourado), especialmente notável. As edições de Euclides estimularam a nova arte da perspectiva, tema de experiência de vários artistas. Esse trabalho já era realizado em Florença, nos séculos XIV e XV, assim como na Alemanha e nos Países Baixos, embora o desenvolvimento florentino seja o mais bem documentado. A nova arte estimulou algumas investigações geométricas, primeiro, ao que parece, por Filippo Brunelleschi (1377-1446), embora o primeiro livro sobre o assunto seja creditado ao pintor do século XV, Paolo Uccello. Não existe nenhuma cópia do livro de Uccello; contudo, seu trabalho artístico torna evidente sua familiaridade com o assunto. Um livro que sobreviveu foi *De prospectiva pingendi* ("Perspectiva na pintura"), de Piero della Francesca, escrito entre 1474 e 1482 — um importante tratado que introduziu a idéia do ponto de fuga. Mais tarde, o assunto foi tratado por Leonardo da Vinci, e, na Alemanha, Albrecht Dürer desenvolveu independentemente a técnica da perspectiva linear.

Os textos de Euclides influenciaram também os cartógrafos, o mais notável dos quais foi o geógrafo flamengo do século XVI, Gerhard Mercator, cuja projeção cilíndrica, ou projeção Mercator, de 1569, constituiu outra aplicação da geometria, nesse caso com o fim de ajudar os navegadores, uma vez que os loxodromas aparecem como linhas retas. Mais uma vez, foi o professor de Mercator, o geógrafo e matemático holandês Reiner Gemma Frisius, nascido em Dokkum, na Holanda, em 1508, que no ano de 1533 propôs e ilustrou os princípios da triangulação, levantamento topográfico que permite a precisa localização de regiões inacessíveis.

Ilustração à página 41

Gemma Frisius foi também o primeiro a sugerir o uso de cronômetros portáteis para determinar a longitude no mar, método teoricamente excelente, mas que não pôde ser posto em prática de modo satisfatório até o século XVIII, pois só então se passou a dispor de um relógio adequado.

Um ramo da geometria cujos estudos foram iniciados pelos gregos e ampliados pelos matemáticos do mundo muçulmano foi o método de cálculos que empregava as relações entre os lados do triângulo e os ângulos compreendidos entre eles, que é a técnica hoje chamada de trigonometria. Sua evolução durante o século XV deveu-se, principalmente a Georg Peuerbach e Johann Müller (Regiomontanus). Peuerbach nasceu na cidade do mesmo nome, na Áustria, em 1423, e morreu em Viena, em 1461, mas em sua curta vida deixou sua marca na trigonometria e na astronomia. Nada se sabe sobre os primeiros anos de sua vida, embora seja certo que ele freqüentou a Universidade de Viena e, em algum período entre 1448 e 1453, viajou pela Alemanha, França e Itália; pode ter-se encontrado com o filósofo e astrônomo Nicolau de Cusa durante sua estada em Roma. Em 1456, tornou-se o astrólogo da corte do rei húngaro Ladislau V e, com a morte deste, astrólogo da corte do sacro imperador romano germânico. O cargo de astrólogo não lhe ocupava todo o tempo, e ele fazia conferências sobre humanismo na universidade; Regiomontanus era seu aluno. Mais tarde discutiremos a astronomia de Peuerbach; por enquanto basta dizer que ele deu um grande impulso à trigonometria escrevendo um pequeno livro que explicava o modo de calcular senos e cordas de ângulos. Esse trabalho apareceria mais tarde impresso juntamente com tabelas de senos, calculadas por Regiomontanus, e uma tabela adicional que fornecia os senos de pequenas frações de ângulos (minutos de arco). Tabelas semelhantes, mais precisas, foram preparadas no século seguinte por Georg von Lauchen (Rheticus). Entretanto, só foram completadas postumamente, em 1596, sob a direção de um aluno, Valentine Otho. Uma edição revista saiu em Frankfurt, em 1613, organizada por Bartholomeu Pitiscus, a quem devemos a criação da palavra "trigonometria". A preparação e a publicação de todas essas tabelas podem parecer bastante prosaicas para nós, hoje em dia, mas não só envolvem realmente uma imensa quantidade de trabalho diligente, bem como sua ampla disponibilidade em edições impressas no século XVI serviu para promover o uso de métodos trigonométricos, de tão grande significado para o progresso da astronomia, seu principal campo de aplicação.

O outro campo da matemática que registrou considerável progresso foi a álgebra. A divulgação de trabalhos matemáticos realizados por árabes estimulou também o desenvolvimento dessa ciência, e, em 1202, Leonardo Fibonacci, de Pisa (também conhecido como Leonardo da Pisa), escreveu o primeiro tratado sobre o assunto, o *Liber abaci* ("Livro do cálculo"). Nele há uma longa seção sobre álgebra é métodos algébricos, e o livro apresentou os algarismos indo-arábicos, inclusive o zero, aos leitores ocidentais. Fibonacci, lembrado hoje pelos números de Fibonacci (seqüência obtida pela soma de cada

Sobre a origem do zero, ver página 30, sobre o desenvolvimento dos algarismos hindu-arábicos, ver página 75, todas no volume II.

número ao seu precessor, assim: 1, 1, 2, 3, 5, 8, 13, 21...), também escreveu uma *Geometria prática,* que se tornou um texto padrão, mas depois de sua época houve um progresso surpreendentemente pequeno. Somente no século XV é que se deu o próximo passo substancial. Em 1484, Nicolas Chuquet produziu sua *Ciência dos números em três partes,* que continha o germe dos logaritmos, uma experiência muito clara das equações e suas incógnitas e um reconhecimento não só das raízes negativas como das positivas. Mas o livro nunca foi publicado, e sua influência pode ser considerada praticamente nula.

O matemático desse período que realmente estimulou seus contemporâneos foi Luca Pacioli. Nascido em Sansepolcro, na Toscana, por volta de 1445, Pacioli tornou-se frade franciscano e viajou pela Itália, ensinando matemática; voltou para sua cidade natal com a idade de 45 anos e, em 1494, completou sua *Summa de arithmetica, geometria, proportioni et proportionalità,* impressa em Veneza sob sua supervisão. Não foi um livro original nem um trabalho abrangente, tomando de empréstimo, como Pacioli prontamente reconheceu, material de Euclides a Fibonacci, mas foi muito difundido e estudado minuciosamente pelos matemáticos e guarda-livros do século XVI, que muitas vezes admitiam sua dívida para com ele.

Foi no século XVI que a álgebra realmente se desenvolveu, e isso se deveu em grande parte a uma estranha situação que ocorria na Itália. Entre os anos de 1472 e 1500, nada menos que 214 livros de matemática foram publicados para satisfazer à demanda de casas bancárias, mercadores, oficinas, administradores públicos, astrólogos e estudiosos. Isso estimulou um interesse pela própria matemática e criou, entre os de mentalidade mais acadêmica, um senso de competição que resultou em disputas e debates públicos sobre assuntos matemáticos. Mas esse enorme interesse causou um prejuízo — inibiu a publicação dos resultados. Se um matemático descobria a solução de um problema particular, tinha duas alternativas: ou publicava os resultados e recebia honrarias, mas não lucro financeiro, ou mantinha-os em segredo e explorava-os em disputas públicas. No último caso, ganharia também fama e fortuna (pois cada contendor depositava uma quantia, recolhida pelo vencedor), embora corresse o risco de sua descoberta ser publicada por um de seus rivais.

As disputas eram muitas vezes referentes ao espinhoso problema das equações cúbicas ou equações do terceiro grau (equações em que aparecia x^3), e o primeiro a obter sucesso no século XVI foi Scipione del Fero, professor de matemática de Bolonha durante trinta anos, que resolveu essas equações desde que não contivessem o termo x^2. Ele legou sua solução a um aluno, Antonio Fiore, e mais tarde ela foi adquirida por seu genro, mas nunca publicada. No entanto, o problema também foi resolvido independentemente e de maneira diversa em uma disputa lançada por Fiore, sendo Niccolò Tartaglia o responsável pela solução. Tartaglia — sobrenome que ele adotou de um apelido de infância: uma ferida na boca o fazia gaguejar *(tartaguiare)* — nasceu em Brescia, por volta de 1500, e morreu em Veneza, em 1557,

Sobre o triângulo de Pascal na China, ver volume II, página 34.

tendo passado a maior parte da vida ocupado com a engenharia militar, a agrimensura e a artilharia. Em geometria foi um pioneiro no cálculo do volume de um tetraedro, empregando os comprimentos de seus lados, e descobriu métodos de inscrição de círculos em um triângulo; em outros ramos da matemática, resolveu vários problemas e publicou o que hoje é chamado de triângulo de Pascal, embora outros antes dele tivessem solucionado o problema de forma ligeiramente diferente. Mas sua fama se deve às soluções das equações cúbicas, pois ele resolveu não apenas as do tipo de Scipione, mas também aquelas em que apareciam x^3 e x^2 (mas não x). Deixou de publicar seus resultados, mas transmitiu-os a Girolamo Cardano sob o compromisso de mantê-los em segredo. Cardano, porém, acabou publicando os resultados em 1545 — embora tenha atribuído todo o crédito a Tartaglia — em seu livro *Ars magna* ("A grande arte"), o primeiro grande tratado de álgebra a surgir no Ocidente.

Cardano (ou Cardan), nascido em Pavia em 1501, freqüentou a universidade de medicina local em 1520; completou sua graduação em Pisa, seis anos depois, e começou a praticar. Em 1534, paralelamente à sua atividade como médico, tornou-se professor de matemática, e após um período como profissional de considerável reputação, aceitou a cadeira de medicina em Pavia; no entanto, desconcertado com a vida desregrada de seu filho mais jovem e a execução do mais velho pelo assassinato da mulher, mudou-se para Bolonha. Preso pela Inquisição, em 1570, principalmente devido à elaboração de horóscopos, retratou-se e obteve uma anuidade por toda a vida, concedida pelo papa. Cardano escreveu mais de duzentos textos sobre religião, música, filosofia, física, medicina e matemática, mas sua fama decorre de suas contribuições à matemática. Escreveu sobre o cálculo numérico, mas sua principal obra foi a *Ars magna,* em que apresentou sistematicamente muitas idéias novas em álgebra. Estabeleceu uma regra para resolução de equações de terceiro grau sem o termo x^2, discutiu o número de raízes de equações de grau ainda mais elevado e afirmou que equações com mais de uma raiz têm mais de uma solução; em suma, deu origem à teoria das equações algébricas. Cardano também foi o primeiro a usar os "números imaginários" (números ordinários multiplicados pela quantidade imaginária, a raiz quadrada de -1), de grande utilidade na espécie de problema que ele estava resolvendo. Tinha também paixão pelo jogo, o que o levou a escrever a respeito das probabilidades matemáticas, embora seu livro sobre esse assunto só viesse à luz postumamente.

Cardano se interessava por vários campos da ciência; a mecânica o intrigava, e a ele é creditada a suspensão de argolas — a chamada suspensão cardã —, embora essa tenha sido, na verdade, uma invenção chinesa. Contrariando os conceitos vigentes até sua época, afirmou que um projétil segue uma trajetória parabólica e não em duas linhas retas, e declarou (corretamente) que o moto perpétuo era uma utopia, embora isso não tenha impedido que outros continuassem a perseguir esse sonho. Além disso, desenvolveu conceitos avançados sobre hidrostática e considerou a possibilidade de formação de vácuo, através da rarefação do ar. Pela amplitude de suas pesquisas e pela diversidade de suas contribuições ao conhecimento, Cardano foi um produto típico da Renascença italiana.

Um terceiro matemático italiano do século XVI a se dedicar à resolução de equações cúbicas e, como Cardano, a se envolver em equações de grau mais elevado, foi Rafael Bombelli. Nascido em Bolonha, em 1526, suas principais atividades eram desenvolvidas no campo da arquitetura e da engenharia hidráulica, mas, estimulado pelo clima matemático de sua época, decidiu escrever um tratado sobre álgebra. Em 1545, é publicado o *Ars magna* de Cardano, em 1546 surge a polêmica entre Tartaglia e Cardano referente à quebra do compromisso de sigilo, e Bombelli decidiu que no ano seguinte se entregaria à sua tarefa. Trabalhou no livro durante os três anos subseqüentes e produziu um tratado abrangente da matéria em meados do século XVI. Apoiou-se solidamente no trabalho do matemático grego Diofanto — na verdade, foi a *Algebra* de Bombelli que popularizou o trabalho de Diofanto no Ocidente —, mas também contribuiu com soluções originais na resolução das equações cúbicas, lidando com o tipo em que apareciam ao mesmo tempo x^3, x^2 e x. A outra grande contribuição de sua obra à álgebra foram os símbolos empregados para indicar as potências de quantidades desconhecidas.

Os símbolos usados em álgebra são importantes. Como veremos no próximo capítulo, um simbolismo pobre poderia retardar, e de fato retardou, a evolução dessa matéria. Bombelli não foi o único matemático a perceber esse fato. Na Alemanha, já se usava um simbolismo na aritmética mercantil — o sinal de mais (+) era uma abreviação do latim *"et"* — e o sinal de igual (=) foi introduzido em 1537 pelo matemático inglês Robert Recorde, enquanto Leonardo Fibonacci, Nicolas Chuquet e Luca Pacioli usaram certos símbolos em seus livros. Simon Stevin também introduziu uma nova notação para os polinômios (termos que contêm mais de uma expressão algébrica), e defendeu e usou frações decimais; também escreveu a favor da divisão da moeda em frações decimais, mas não foi senão ao tempo da Revolução Francesa que isso foi posto em prática. Outro matemático que concorreu para o desenvolvimento dessa ciência foi o teólogo Michael Stifel, que nasceu na região oriental da Alemanha, em 1487, e morreu em Iena, em 1567. Foi ele quem introduziu as letras para designar as incógnitas, e repetia quando se tratava de potências. Hoje, usamos letras para designar as incógnitas (x, y, z, por exemplo). Stifel escolheu letras diferentes para isso, mas letras, de qualquer maneira. François Viète (Franciscus Vieta) foi outro que prestou grande serviço à "taquigrafia" matemática. Nascido em 1540 em Fontenay-le-Comte, na Vendée, versado em leis, como o pai, Viète ocupou altos postos no governo e mostrou habilidade em decifrar textos militares codificados. Era um matemático "amador", mas isso não o impediu de fazer inovações no assunto, as quais apareceram todas em uma série de livros surgidos durante o último quartel do século XVI. No entanto, seu estilo literário era obscuro, e seus livros tiveram pequena circulação; seu gênio só foi notado quando, a partir de 1602, comentaristas passaram a explicar e divulgar seus estudos, principalmente o holandês Frans van Schooten, que publicou *Os trabalhos matemáticos de Viète,* em Leiden, no ano de 1646, em edição latina. Viète empregou frações decimais de graus em suas tabelas matemáticas, em vez dos usuais sexagesimais (minutos e segundos de arco), além de métodos gráficos para a resolução de equações cúbicas e biquadradas (as que contêm x^4) e trigonometria para outras de mais elevado grau. Acima de tudo, usou símbolos não apenas para as quantidades encontradas em álgebra, mas também para as operações (multiplicação, divisão, etc.) realizadas com elas. Seus símbolos para designar quantidades também foram uma inovação, já que usou vogais para as incógnitas e consoantes para os números dados. As potências eram indicadas pela palavra apropriada (*cubus, quadratus,* etc.); tudo isso lançou uma grande luz a esse campo das ciências exatas, facilitando o trabalho dos matemáticos na resolução de equações. Viète também aplicou métodos semelhantes à trigonometria, e foi ele quem demonstrou como as várias relações trigonométricas — seno, co-seno, tangente, etc. — podiam ser reduzidas a um mesmo termo. Seu trabalho, e o crescente uso do simbolismo por outros matemáticos do século XVI, simplificaram de certa forma a álgebra e a trigonometria.

Astronomia

Certamente, as mais significativas mudanças ocorridas na ciência durante a Renascença foram as relacionadas com as idéias sobre o universo. O ponto de vista que finalmente prevaleceu ao findar o século XVI representou uma revolução e afetou não só a astronomia, mas também teve as mais profundas repercussões na filosofia e na religião. Mas isso não iria ocorrer antes da segunda metade do século XVI; antes disso, a astronomia sofreria um lento processo de refinamento e consolidação, com pouca coisa em relação a novas idéias, embora no século XV Nicolau de Cusa (Nikolaus Krebs) tenha feito algumas proposições moderadamente revolucionárias.

Nascido em Kues, na região alemã do Mosela, por volta de 1401, Nicolau era filho de um pobre pescador. Ao que tudo indica, recebeu educação em Deventer, nos Países Baixos, onde freqüentou uma escola mantida pelos Irmãos da Vida em Comum, comunidade que enfatizava a penitência, a meditação e a vida interior, mantendo uma existência comunal simples, com ausência de ritual. Hieronymus Bosch, pintor holandês, era membro preeminente dessa comunidade, que tinha por finalidade educar uma elite cristã e promovia um novo aprendizado da Renascença italiana, embora não enfatizasse seu aspecto humanístico. Entretanto, Nicolau também foi para a Universidade de Pádua quando tinha dezesseis anos — idade em que normalmente se entrava nas universidades naquela época —, e ali conheceu educadores humanistas e esteve em contato com a ciência da Renascença, embora sua matéria formal de estudo fosse o direito canônico.

Ordenado sacerdote, mostrou grande interesse pelas coisas da Igreja e particularmente por um pedido dos cristãos de Bizâncio, que estava sob grande pressão dos turcos otomanos, para a união do cristianismo ocidental e oriental.

Nicolau era essencialmente um filósofo, mas decidiu pôr a ciência a serviço da filosofia, e isso o levou a algumas conclusões interessantes. Achou inadequada a lógica formal aristotélica, pois pensava que ela só era apropriada para as noções finitas, e ele queria considerar idéias que incluíam o infinitamente grande, o qual era, ele próprio, contido em um máximo absoluto, que era Deus. Em seu estudo do universo, esses pontos de vista levaram-no a rejeitar a existência de um ponto central cósmico para o movimento celeste e a repudiar a idéia de que a Terra era o centro de todas as coisas ou de que era estacionária. De fato, acreditava que a Terra se movia, mas não em uma órbita, e sim com um movimento aparente. Foi Nicolau também que sugeriu que a Terra não era o único lugar do universo em que havia vida. Seus argumentos em apoio a essa idéia eram filosóficos e expressos em linguagem teológica, mas apesar disso foram importantes.

Os conceitos de Nicolau de Cusa não foram, naturalmente, adotados pela maioria dos astrônomos, que continuaram a seguir o sistema ptolomaico-aristotélico, tal como constava nos originais gregos e refinado pelos comentaristas árabes. Seu contemporâneo mais jovem, Georg Peuerbach, cujas contribuições à matemática já foram mencionadas, trabalhou no sentido de esclarecer a astronomia do *Almagesto,* preparando tabelas de eclipses e do movimento do Sol e escrevendo um livro didático sobre a astronomia ptolomaica, que muitas vezes era encontrado junto com um antigo livro medieval que tratava do mesmo assunto, de John de Holywood (Yorkshire), mais conhecido por seu nome latinizado, Sacrobosco (*"holy wood"* = bosque sagrado). O fato de os livros serem encontrados para completar um ao outro chama a atenção para a tradicional atitude do trabalho de Peuerbach.

A natureza prosaica do trabalho de Peuerbach não significa que ele não fosse importante. A astronomia é uma ciência que exige precisão, cujo progresso depende de medições precisas e cálculos cuidadosos. Foram essas particularidades que permitiram detectar as impropriedades das teorias de Ptolomeu acerca do movimento planetário.

Sobre o conceito grego do universo, tal como exposto por Eudóxio, ver páginas 107-108; e por Ptolomeu, ver páginas 130-131, todas no volume I.

Entretanto, a morte de Peuerbach aos 38 anos interrompeu uma carreira promissora, e teria impedido a finalização de sua revisão da astronomia de Ptolomeu não fosse seu discípulo Johann Müller (Regiomontanus). Nascido em 1436, e portanto bem mais novo que Peuerbach, Regiomontanus, contudo, teve uma passagem tão boa na Universidade de Viena que em breve fazia parte do corpo docente como colega de Peuerbach, e os dois se tornaram amigos íntimos. Foi a chegada a Viena do cardeal Bessarion, legado papal, que os levou a um estudo completo do *Almagesto,* pois Bessarion estava encarregado de trazer os antigos autores gregos ao conhecimento da comunidade intelectual. Peuerbach propôs-se fazer um resumo do grande livro de Ptolomeu, tendo uma cópia da tradução latina feita por Gerard de Cremona (século XII) como guia, e, em seu leito de morte, obteve a promessa de Regiomontanus de que este completaria o trabalho. Regiomontanus viajou para Roma com Bessarion e completou o que chamou de *Epitome* algum tempo antes de 1463 — embora não tenha sido publicado até 1496, vinte anos após sua morte. O livro foi mais que um sumário do *Almagesto,* pois acrescentou observações posteriores, revisou os cálculos do original e também incluiu alguns comentários críticos ao texto de Ptolomeu, um dos quais revelou que sua teoria do movimento da Lua exigia que seu diâmetro aparente mudasse mais do que as observações revelavam. Assim, apontou a necessidade da revisão crítica de alguns aspectos do *Almagesto,* e desse modo ampliou as provas existentes para a pesquisa astronômica corrente.

Regiomontanus permaneceu na comitiva de Bessarion, fazendo conferências e preparando comentários para acompanhar outros textos astronômicos mais modernos, enquanto escrevia sobre os problemas técnicos encontrados no cálculo da futura posição dos planetas. Mais tarde foi para a Hungria, a convite do rei Matias I, Corvino, para examinar e conferir manuscritos gregos, e, então, ansioso por publicar suas tabelas e outros trabalhos que os editores rejeitaram em razão do alto custo envolvido na preparação de diagramas especiais, mudou-se em 1471 para Nuremberg. Nessa cidade, estabelecido em uma casa com seu próprio observatório e sua própria imprensa, graças ao rico comerciante Bernhard Walther, Regiomontanus tornou-se o primeiro editor de trabalhos astronômicos e matemáticos, cujas obras eram altamente confiáveis, uma vez que outros livros, publicados por editores comerciais, estavam repletos de erros. Auxiliado por Walther, Regiomontanus fez observações tão precisas do brilhante cometa aparecido em janeiro de 1482, que permitiram sua identificação, dois séculos mais tarde, como uma das aparições do cometa Halley.

A crítica à teoria elaborada por Ptolomeu a respeito do movimento da Lua contida no *Epitome* colaborou para identificar algumas incorreções naquela teoria, e abriu caminho para a grande revolução astronômica do século XVI, que está intimamente ligada ao nome de Copérnico. Nascido em Torun, na Polônia, em 1473, Niklas Koppernigk era sobrinho de Lucas Waczenrode, que o tomou sob sua proteção. Como bispo recém-eleito de Ermland (bispado situado na parte oeste da Prússia Oriental, cedida à Polônia em 1466), Waczenrode conduziu a educação de Copérnico visando à obtenção de um canonicato na catedral de Frauenburg, pois isso o faria financeiramente independente. Em 1491, Copérnico entrou para a Universidade de Cracóvia, onde estudou os clássicos e matemática e interessou-se pela astronomia, mas, quando completou os estudos, não havia vaga para ele em Frauenburg — tais designações por parte do bispo só aconteciam a intervalos específicos; — então foi para Bolonha, ostensivamente para estudar direito canônico, embora ainda manti-

Ilustração à página 55

vesse o interesse pela astronomia. Em 1501, foi finalmente eleito para o canonicato, mas adiou sua entrada na vida religiosa, dessa vez para estudar medicina na famosa Universidade de Pádua, onde permaneceu quatro anos, exceto por breve estada na Universidade de Ferrara, onde obteve o doutorado em direito canônico.

Em 1505, Copérnico retornou a Frauenburg, bem qualificado academicamente para executar qualquer tarefa para a assembléia de cônegos da catedral, e, como foi demonstrado, cada aspecto de sua extensa preparação foi posto em prática. Seus serviços médicos foram usados pela Igreja e pelos pobres; suas habilidades matemáticas, na reforma da moeda e do direito canônico na administração da diocese. Copérnico era homem de decisão; em 1520, quando os cavaleiros teutônicos invadiram a região, ele comandou o castelo dos cônegos em Allenstein, nas fronteiras da diocese, e manteve a cidade até a obtenção de um armistício, no ano seguinte. De um homem tão resoluto se podiam esperar passos corajosos quando se tratasse de astronomia.

No princípio de 1513, Copérnico trouxe oitocentas pedras e uma barrica de cal das obras do cabido, com as quais construiu uma torre sem teto para servir de observatório, de onde fez uma série de observações. Seu objetivo se concentrava na investigação dos movimentos dos corpos celestes; com base nas teorias geométricas do movimento planetário contidas no *Almagesto,* foi possível calcular as futuras posições desses corpos, mas, com as observações coligidas ao longo dos séculos, tornou-se evidente alguns aperfeiçoamentos na teoria original de Ptolomeu. Vários conjuntos de tabelas de futuras posições foram organizados, propiciando a obtenção de posições mais precisas, embora cada conjunto ainda apresentasse erros; a teoria não se ajustava precisamente à observação, como Peuerbach e Regiomontanus tinham mostrado. Mas havia outra consideração a fazer sobre Copérnico. Ele estava insatisfeito com a invenção e o uso do *equant* de Ptolomeu. Isso contrabalançava o centro do movimento ao centro da Terra e introduzia, assim, um movimento desigual, que, pensava Copérnico, entrava em conflito com a "regra do movimento absoluto", segundo a qual tudo deveria se mover em torno do centro do universo a uma velocidade invariável. Então ele procurou outra explicação para esse fato.

Sobre o ponto de vista de Filolau sobre o movimento da Terra, ver volume I, página 78.

Ilustração à página 55

Copérnico sabia que alguns filósofos gregos haviam sugerido que a Terra se movia, e achava que um ponto de vista mais correto, que incorporasse o movimento verdadeiramente absoluto, poderia surgir se o Sol fosse colocado no centro do universo e a Terra passasse a ser vista como um planeta, percorrendo uma órbita em torno do Sol, como faziam os outros planetas — os motivos de Copérnico ao adotar esse ponto de vista revolucionário eram principalmente científicos, embora seja legítimo supor-se que, possivelmente, o hermetismo tenha sido um fator, talvez não significativo, mas, de qualquer forma, um fator. Em seu livro *Das revoluções dos corpos celestes,* na mesma página em que aparece a idéia heliocêntrica do universo, Copérnico escreveu:

"Imóvel, no entanto, no meio de tudo está o Sol. Pois nesse mais lindo templo, quem poria esse candeeiro em outro ou melhor lugar do que esse, do qual ele pode iluminar tudo ao mesmo tempo? Pois o Sol não é inapropriadamente chamado, por alguns povos, de lanterna do universo; de sua mente, por outros; e de seu governante, por outros ainda. [Hermes] o Três Vezes Grande chama-o de um deus visível, e Electra, de Sófocles, de onividente".

Certamente Copérnico estava reunindo todas as autoridades que podia para apoiar sua causa — um método típico de persuadir os leitores intelectuais que ainda dedicavam alguma reverência à sabedoria do passado —, pois ele próprio temia o acolhimento que teriam suas idéias. Curiosamente, parece que isso não era tanto pelo fato de uma Terra em movimento ser contrária aos princípios da Bíblia, mas porque Copérnico tinha receio do ridículo. Afinal, qual era a prova de que a Terra se movia? Não parecia haver nenhuma; faltava um indício concreto, pois se a Terra se movesse, como Copérnico sugeria, então haveria uma mudança anual nas posições aparentes das estrelas, e não se observava essa mudança. Copérnico estava consciente disso, e, em seu tratado, contrariava o argumento com a explicação de que a esfera das estrelas (na qual ainda acreditava) estava tão distante que essa mudança não era perceptível. Contudo, ele não podia dizer por que Deus teria deixado um vazio tão grande entre os planetas e as estrelas. No entanto, Copérnico estava certo; a detecção de tal "paralaxe anual" requeria técnicas desconhecidas no século XVI, e essas observações não puderam ser feitas nos trezentos anos seguintes, embora uma prova do movimento da Terra tenha sido, de fato, obtida no século XVIII. Mas havia outras objeções — as mesmas ou semelhantes às feitas nos tempos antigos: a de que uma Terra em movimento estaria à mercê de permanentes temporais e ondas de marés, ou de que esse movimento reduziria o planeta a pedaços. Novamente Copérnico antecipou-se e tentou contrariá-las, mas sua refutação real exigia uma nova física sobre corpos em movimento, e novamente a teoria sobre esse fenômeno jazia no futuro. O próprio Copérnico não recorreu a novas idéias sobre o movimento; simplesmente atribuiu à Terra um movimento perpétuo, em círculo, ao redor do Sol, mas isso não era nada mais do que já faziam todos os planetas. Os corpos cadentes ainda se dirigiam para o centro da Terra porque esse era o seu lugar natural, como Aristóteles indicara, embora ele não tivesse discutido a seguinte questão: por que eles não caíam no Sol em vez de caírem na Terra, já que o Sol, e não a Terra, estava agora situado no centro do universo?

Sobre o uso desses argumentos por Aristóteles, ver volume I, página 111.

Portanto, por muitas razões, Copérnico tinha que ser cuidadoso; por isso, inicialmente difundiu suas idéias apenas entre amigos, em um *Pequeno comentário*. Foi bem recebido e até forneceu material destinado a uma conferência para o papa Clemente VII e alguns de seus cardeais, nos jardins do Vaticano, proferida por Johan Widmanstadt, o secretário do papa; mais tarde, Copérnico foi encorajado a publicar seus pontos de vista, tendo o cardeal Nicholas von Schönberg (de quem Widmanstadt fora secretário) lhe escrito a esse respeito. A carta de Schönberg foi, de fato, publicada no princípio de *Das revoluções,* mas, embora Copérnico obviamente a apreciasse, ele precisava de mais que uma simples carta de um prelado para dar esse importante passo. Na primavera de 1539, chegou finalmente o estímulo na pessoa de Georg Joachim (Rheticus), professor de matemática da Universidade de Wittenberg.

Copérnico e Rheticus estudaram juntos a nova teoria e, em poucos meses, Rheticus já possuía material suficiente para escrever seu próprio e curto panfleto, *Narratio prima* ("Primeiro relato") (1540). Tratava apenas do movimento da Terra, e deveria ser seguido por outros relatórios, mas o gelo fora quebrado, e Copérnico preparou seu próprio relatório completo da teoria. Mandou-o, por intermédio do bispo Giese, a Rheticus, que aceitara providenciar a impressão do trabalho. Por fim, Rheticus, que escolhera seu amigo, editor de Nuremberg, John Petrejus, devido ao seu entusiasmo pela realização do trabalho, teve de deixar a cidade antes que o livro ficasse pronto, pois tinha que assumir um novo posto em Leipzig. Rheticus, então, passou a supervisão técnica do livro para o clérigo luterano local, Andreas Osiander, o que trouxe conseqüências inesperadas. Osiander mantinha o ponto de vista que fora anunciado por Jean Buridan dois séculos antes — "Para os astrônomos, é suficiente assumir um modo de salvar o fenômeno, quer ele seja real ou não" —, e, já que Copérnico era então um homem doente e estava longe de Nuremberg, Osiander resolveu expressar sua opinião em um prefácio não assinado. Não comunicou essa decisão ao autor. Assim, os leitores de *Das revoluções dos corpos celestes* ficaram sabendo que iam ler não um retrato real do universo, mas "um cálculo coerente com as observações". Muitos pensaram que era essa a opinião de Copérnico, embora alguns tivessem imaginado que o prefácio fora inserido pelo autor para evitar a oposição religiosa. Talvez essa fosse a real intenção de Osiander, pois, quando a teoria se tornou conhecida, e antes que *Das revoluções* fosse publicado em 1543, Lutero expressou imediatamente forte desaprovação: "O louco vai virar toda a ciência da astronomia de cabeça para baixo. Mas, como declara o Livro Sagrado, foi ao Sol e não à Terra que Josué mandou parar" — e, depois que o livro foi publicado, o reformador Melanchthon escreveu um pequeno texto de física censurando a teoria. Mas Copérnico já estava morto; supõe-se que uma cópia do texto o tenha alcançado no leito de morte.

Sob muitos aspectos, Lutero estava certo. A teoria de Copérnico virava a astronomia de cabeça para baixo, mas num sentido que já era esperado havia muito tempo, como os acontecimentos do século XVII iriam demonstrar. A inquietação de Lutero, porém, visava a outro problema mais sério do que a questão da interpretação literal das Escrituras: a queda do homem e da Terra do trono central do universo para um lugar sem importância. O homem não estava mais situado num lugar adequado à sua natureza ímpar como imagem de Deus, no centro de todas as coisas, mas banido para um mero planeta entre tantos outros. No devido tempo, isso teria as mais profundas repercussões na visão do homem de si mesmo e de seu lugar na criação.

Se os protestantes no continente europeu objetaram o *Das revoluções,* tais críticas não apareceram na Inglaterra, onde em geral a teoria foi bem recebida. O matemático e médico Robert Recorde, em seu *Castelo do conhecimento,* de 1556, escrito em forma de diálogo, admitiu fazer seu aluno referir-se à teoria de Copérnico como uma "vã fantasia", mas imediatamente contradisse isso com a resposta do mestre: "Você é muito jovem para ser um bom juiz num assunto tão importante (...) você faria bem em não condenar algo que não entende bem". O famoso John Dee, alquimista, hermetista, defensor do ocultismo e, ao mesmo tempo, erudito matemático, filósofo e astrólogo da rainha Elizabeth I, adotou a teoria, mas — típico de sua discrição de manter tais assuntos para si mesmo — nada publicou em seu apoio. Por outro lado, seu discípulo, Thomas Digges, tornou a teoria conhecida, e amplamente, quando, em 1576, produziu uma nova edição do popularíssimo almanaque de seu pai, Leonard Digges, o *Prognóstico eterno.* Nele, Digges não apenas descreveu a nova teoria, como também forneceu um diagrama do universo que colocava o Sol no centro e os planetas, inclusive a Terra, em órbita ao seu redor. Mas isso não foi tudo, pois as estrelas eram representadas estendendo-se infinitamente no espaço, e não fixas a uma esfera celeste, de acordo com a concepção de Copérnico. Isso representou um grande passo à frente; removeu uma das objeções à nova teoria heliocêntrica e trouxe ao público a idéia de um universo infinito, pois o diagrama apareceu em seis edições subseqüentes, publicadas entre 1578 e 1605. As razões que levaram Digges a aprovar um universo infinito ainda são motivo de conjecturas, mas voltaremos a tratar desse assunto quando focalizarmos a invenção do telescópio.

Ilustração à página 41

Ilustração à página 56
Sobre a invenção do telescópio, ver página 80.

A teoria de Copérnico pode ter sido bem recebida na Inglaterra, mas como teria sido recebida nos países católicos? É estranho, mas não houve objeções imediatas. A dedicatória do livro ao papa Paulo III e o fato de o apoio de Johan Widmanstadt não ter levantado murmúrios de discordância sem dúvida acalmaram qualquer oposição incipiente, e talvez o prefácio de Osiander também tenha contribuído para desfazer as suspeitas de um complô contra as idéias geocêntricas. Entretanto, a situação mudaria na segunda década do século XVII, devido, em grande parte, ao aberto apoio à teoria heliocêntrica pelo turbulento e arrogante Giordano Bruno (1548-1600).

Bruno estava imerso no hermetismo, e foi isso que motivou seu desejo de ver a Igreja retornar a idéias que refletissem a religião dos antigos egípcios. Não estava preocupado com a idéia de Hermes como profeta pagão, ponto de vista que santificava os documentos herméticos para os cristãos, mas acreditava tão fortemente nos aspectos mágicos do ensinamento, que queria retornar a um enfoque totalmente egípcio, que, contudo supunha poder ser incorporado de alguma forma à Igreja Católica reformada. Com esses pontos de vista em mente, não surpreende que ele tenha sido acusado de heresia, embora a acusação fosse de manter pontos de vista arianos (segundo os quais Cristo não era Deus encarnado, mas um ser criado). Em todo caso, Bruno fugiu da Itália e perambulou pela França, Alemanha e Inglaterra, embora tenha ido primeiro a Genebra, onde novamente enfrentou problemas e adquiriu intensa aversão pelo calvinismo.

Depois de passar um período na França, entre 1579 e 1583, onde fez conferências em Toulouse e Paris, sobre a arte da memória, Bruno mudou-se para a Inglaterra com uma carta real recomendando-o aos cuidados do embaixador francês, Michel de Mauvissière. Lá permaneceu por dois anos, que ficaram entre os mais produtivos de sua vida, pois, sob a proteção do embaixador, publicou alguns trabalhos bem provocativos. Poucos meses após sua chegada, Bruno visitou Oxford junto com a comitiva do príncipe polonês Albert Laski e depois retornou para fazer algumas conferências, nas quais ocupou a maior parte do tempo citando magia astral referida nos escritos herméticos, traduzidos por Ficino, e a eles associou a teoria heliocêntrica. Oxford, que nessa época ainda era um bastião do ensinamento aristotélico, não aceitou a fanfarronada de Bruno, e mais tarde ele escreveu sobre a universidade de forma ofensiva e, incidentalmente, também sobre a Igreja Reformada da Inglaterra elisabetana. Depois disso, durante algum tempo, não teve coragem de abandonar a proteção da embaixada.

Enquanto era hóspede de Mauvissière, Bruno escreveu uma série de livros, todos contra as opiniões filosóficas estabelecidas; alguns eram brilhantes e elegantes em estilo, mas todos expunham sua própria interpretação do ensinamento hermético. Se isso resumisse toda a sua atividade, sua vida poderia ter sido, em grande parte, esquecida, mas a seus pontos de vista ele juntou os de Copérnico, a quem aplaudia pela elaboração da teoria heliocêntrica, mas por outro lado o criticava por não ter percebido as implicações herméticas da sua nova idéia do universo heliocêntrico. Além do mais, Bruno era um especulador audacioso. Aprovou o conceito de Thomas Digges, de um infinito universo de estrelas, cada uma como o Sol, e a idéia de Nicolau de Cusa, segundo a qual há vida em todo o universo; todos esses pontos de vista ele também defendeu, mas sob o amplo guarda-chuva do hermetismo. O universo de Bruno era, como o chinês, um organismo vivo, embora a concepção de Bruno fosse motivada pela magia hermética e não pelo desejo de racionalizar todo o mundo natural em uma forma orgânica.

No tempo devido, a Liga Católica da França cresceu em poder, o liberal Mauvissière foi chamado de volta a seu país, e Bruno o acompanhou. Mas em breve Paris se tornou muito perigosa para ele, que fugiu para a Alemanha. Por algum tempo, Bruno ficou em paz em Wittenberg, mas, por fim, sua alquimia e seu hermetismo se tornaram demais para a cidade, e ele se mudou, primeiro para Praga, depois para Helmstedt e Frankfurt. Um convite do nobre Zuan Mocenigo para lecionar a arte da memória, matéria na qual era tido como mestre, levou-o para Veneza. Bruno, que nunca tinha dúvida quanto à sua causa ou habilidades, entrou na Itália sem qualquer preocupação. Até levou consigo o manuscrito de um livro que pretendia dedicar ao papa. Mas, infelizmente, as coisas não se passaram como ele pensava; Mocenigo tomou informações sobre ele, que foi preso pela Inquisição. Depois de um longo julgamento, Bruno retratou-se de suas heresias e pôs-se à mercê dos inquisidores, mas mesmo assim foi mandado a Roma para outro julgamento, e ali seu caso se arrastou por oito anos. Por fim, depois de muita hesitação, recusou-se a se retratar, e em 1600 foi queimado vivo por negar, ao que parece (os registros originais foram perdidos), a divindade de Cristo e por realizar práticas mágicas diabólicas. Essa segunda acusação pode ter sido a responsável por sua condenação à fogueira, pois não é impossível que Bruno tenha defendido um movimento mágico-religioso de algum tipo; hermético, talvez, ou possivelmente ligado às origens da maçonaria ou a essa outra estranha mistura de magia e religião, a irmandade rosa-cruz.

Até onde se pode verificar, não há qualquer menção específica da defesa de Copérnico por Bruno como razão para a sua condenação. No entanto, como é evidente, quaisquer pontos de vista que ele tenha apoiado em seus polêmicos escritos seriam suspeitos, não menos pelos dominicanos, a cuja ordem Bruno pertencera; é interessante notar o fato de ter sido um frade dominicano quem lançou o ataque contra Galileu por apoiar o copernicanismo, catorze anos depois. Isso se deu quando se travou a primeira grande batalha entre a ciência e a religião, e foi o cientista Galileu, e não o mago Bruno, a primeira vítima da ciência. Se Bruno deve ser lembrado, é por ter sido o responsável por fazer a Igreja Católica voltar-se contra a maior das hipóteses formuladas pela nova revolução científica, e conseguiu fazer isso sem que, pessoalmente, desse qualquer contribuição à ciência.

A teoria copernicana foi um produto típico da especulação renascentista, e talvez seu ponto culminante. Demonstrou como, tendo se preparado para derrubar idéias preconcebidas e doutrinas aceitas, era possível chegar a uma nova síntese e formular uma visão totalmente nova da natureza. A reorientação de Copérnico, tal como a promovida por Vesálio, cujo *Organização do corpo humano* apareceu no mesmo ano do *Das revoluções,* mudou a visão que o homem tinha de si mesmo. Mudou também o modo pelo qual ele iria encarar sua ciência. Não colocaria mais a autoridade acima da observação; em vez disso, avançaria por si mesmo, testando cada nova hipótese contra a pedra de toque da experiência. Era uma técnica que produziria alguns resultados espantosos, como iriam mostrar os séculos subseqüentes.

Capítulo 8

Os séculos XVII e XVIII

Chegamos agora ao período em que a ciência moderna foi finalmente lançada e estabelecida em sua inaudita viagem de conquista. Do princípio do século XVII ao fim do século XVIII, o aspecto geral do mundo natural alterou-se de tal forma que Copérnico teria ficado pasmo. A revolução que ele iniciara desenvolveu-se de modo tão rápido e tão amplo que não só a astronomia se transformou, mas também a física. Quando isso aconteceu, houve o completo rompimento com os últimos vestígios do universo aristotélico. A matemática tornou-se uma ferramenta cada vez mais essencial para as ciências físicas; os resultados eram expressos em números, e os argumentos qualitativos eram rejeitados. Houve também um desenvolvimento considerável no projeto e na fabricação de instrumentos científicos, pois, se o mundo natural seria investigado de modo mais rigoroso e mais preciso, então era necessário um equipamento especializado. O desenho do que era, de fato, uma nova geração de instrumentos de precisão começou na última parte do século XVI, com o trabalho de Tycho Brahe (1546-1601).

O universo da precisão

Tyge Brahe (Tycho foi uma forma que ele adotou depois) nasceu em 1546, em Skane, então na Dinamarca e hoje parte da Suécia, filho de um conselheiro privado. Segundo um acordo familiar, o rapaz foi criado pelo tio paterno, Jörgen Brahe, e sua mulher, que não tinham filhos; sua educação inicial foi com um tutor particular, mas, com a idade de treze anos, Tycho entrou para a Universidade Luterana de Copenhague, onde passou a se interessar pela ciência. Mas seu tio desaprovou essa inclinação; o direito era o curso apropriado para um rapaz de sua posição social, e ele foi mandado para Leipzig para receber instrução jurídica. Assim, Tycho teve de ir no encalço de sua ciência, e de sua crescente predileção pela astronomia, em segredo, até ficar livre para se dedicar abertamente a essa ciência com a morte do tio, em 1565. Mudou-se para Wittenberg, depois para Rostock (onde, a propósito, perdeu metade do nariz num duelo e fez uma reconstituição de metal — fato evidente em todos os retratos) e Augsburg. Tycho construiu um quadrante gigante de madeira em Augsburg, pois, em 1564, observara uma grande aproximação de

Júpiter e Saturno e verificara a incorreção das até então consideradas melhores tabelas astronômicas acerca desse evento. Nessa época, ele estava convencido da necessidade de um novo padrão de precisão em astronomia.

A determinação de Tycho por medidas mais precisas aumentou em 1572, quando uma brilhante "estrela nova" (uma supernova) apareceu repentinamente na constelação de Cassiopéia. Ao analisar suas próprias medidas e as de outros observadores europeus, inclusive Thomas Digges, descobriu que ela estava muito além da Lua. Era uma observação fundamental. Significava um rompimento total com a tradição aristotélica, segundo a qual tal objeto devia estar na esfera sublunar, pois o céu era imutável. Quando o rei dinamarquês Frederico II lhe deu a ilha de Hven (hoje Ven), na costa dinamarquesa, dois anos depois, Tycho começou a trabalhar para fundar um observatório dedicado a medidas de precisão. Alguns dos instrumentos foram depois montados do lado de fora, em poços fundos, para evitar os efeitos provocados pelo vento durante as observações. Os instrumentos eram feitos de metal e construídos com um grau de precisão até então desconhecido. A sua maioria consistia em sextantes e quadrantes de grandes dimensões, cada qual montado em suportes bastante resistentes. Eram cuidadosamente comparados um com o outro e se fazia uma anotação dos erros inerentes a cada instrumento. Era um procedimento inteiramente novo. Baseava-se no princípio de que nenhum instrumento de medição, por mais cuidadosamente que tivesse sido feito, é perfeito; algum erro era inevitável. Tycho verificou — fato percebido pelos cientistas desde então — que um pequeno erro coerente e inerente não tinha importância, desde que fosse conhecido e se fizesse sua compensação. Absorver esse princípio e agir no sentido de anular seus efeitos constituiu uma inovação vital.

Ilustração à página 87

Os instrumentos eram projetados de forma que sua dimensão permitisse a marcação de uma graduação bem espaçada, que por sua vez poderia ser dividida nas menores frações de um grau. Além disso, Tycho construiu um grande quadrante mural em uma parede orientada precisamente no sentido norte-sul. O raio do quadrante era de cerca de 1,8 metro e sua graduação era realmente feita até o arco de minuto (um arco de minuto é igual a 1/60 do grau). Mas Tycho introduziu ainda outra novidade importante. Cada divisão de arco de minuto era gravada com uma linha diagonal composta de pequenos pontos. Essas "transversais" permitiam que o observador lesse precisamente entre as divisões do arco de minuto; os pontos apareciam a intervalos de 10 arcos de segundo (um arco de segundo é igual a 1/60 de um arco de minuto, ou 1/3 600 de um grau), o que permitia leituras entre os pontos; assim, a precisão do quadrante mural era de cinco arcos de segundo (0,0014 grau). Os outros instrumentos de Tycho não possuíam a mesma precisão, embora ele pudesse observar regularmente até em frações de um arco de minuto. Esse era um grau de precisão jamais obtido anteriormente em toda a história das observações astronômicas, e teria conseqüências quase imediatas de imensa significação.

Em 1577, quase doze meses depois do início das observações em Hven, um grande e brilhante cometa, com cauda muito longa, apareceu no céu ao anoitecer. Ele capturou a imaginação popular e tornou-se tema de um enorme número de folhetos, a maior parte deles considerando-o um presságio de desastre. Essa forma de encarar o fenômeno era baseada nos antigos pontos de vista gregos, particularmente de Aristóteles segundo os quais os cometas eram vapores quentes e secos; assim, sua ação consistia em tirar a umidade do ar, gerando condições favoráveis para o desenvolvimento de doenças e epidemias. Além disso, havia muitas implicações astrológicas, e, portanto, um cometa brilhante era encarado com medo e admiração. A concepção científica de Tycho ultrapassou essas considerações — embora pareça provável que ele não fosse contrário à magia hermética, e certamente elaborou horóscopos —, e ele fez suas próprias observações, ao mesmo tempo em que reuniu as de vários outros astrônomos, como Thomas Digges. Ele chegou à conclusão de que o cometa estava muito além da Lua, o que mostrava ser ele um verdadeiro objeto celeste e não um fenômeno meteorológico como um "vapor seco". Além do mais, Tycho observou que a extremidade da cauda sempre apontava em sentido oposto ao Sol, circunstância que ele atribuiu à passagem dos raios do Sol pela cabeça do cometa; assim, a cauda não podia ser formada de "gordura seca", como pensava Aristóteles. O mais importante de tudo, porém, é que as observações provaram que o cometa se deslocava através das supostas esferas celestes e, desse modo, elas não podiam existir fisicamente — eram uma ficção da imaginação grega. Isso significava outro rompimento, e fundamental, com a tradição aristotélica.

Portanto, em vários pontos fundamentais, Tycho discordava do universo aristotélico. Acima de tudo, o céu não era imutável — suas observações da supernova de 1572 e do cometa de 1577 provaram isso. Mas, se não concordava com Aristóteles em muitos pontos, Tycho ainda não aceitava o ponto de vista de Copérnico sobre o cosmo. Seu protestantismo levou-o a revoltar-se contra a violência praticada contra as Escrituras, e, assim, formulou sua própria cosmologia. Nela, a Terra permanecia fixa no centro do universo, com a Lua e o Sol em sua órbita, embora Tycho admitisse que os planetas pudessem ficar em órbita ao redor do Sol. Era uma acomodação e, embora quase esquecida ao se encerrar o século XVII, esteve em grande voga por algum tempo nos países protestantes.

Ilustração à página 87

Infelizmente, Tycho era arrogante, altivo para com a família real e negligente em relação ao bem-estar de seus locatários, de modo que, quando o rei Frederico morreu, em 1588, os fundos para a manutenção do observatório não estavam mais disponíveis. Isso e problemas familiares fizeram-no decidir-se a emigrar; em meados de 1597, ele deixou Hven. Dois anos depois, estabeleceu-se finalmente em Praga, sob o patrocínio do sacro imperador romano germânico Rodolfo II; assim, foi a Rodolfo que ele dedicou seu livro *Mecânica da nova astronomia* — o grande tratado descritivo de seus instrumentos e dos métodos de usá-los. O imperador concedeu-lhe uma pensão e o Castelo de Benatky, cerca de 35 quilômetros a nordeste de Praga, embora pareça que Tycho realmente viveu em Praga até sua morte, em outubro de 1601.

Ilustração à página 88

No cortejo fúnebre de Tycho, extraordinariamente esmerado, estava um de seus assistentes, Johannes Kepler (1571-1630). Filho de um mercenário e 25 anos mais moço que Tycho, Kepler pretendia originalmente entrar para a Igreja Luterana e fora para Tübingen a fim de estudar teologia. Nessa cidade, passou a se entusiasmar com a astronomia, converteu-se à teoria copernicana e, além disso, mostrou uma habilidade matemática tão impressionante que, quando o posto de professor de matemática de uma conhecida escola luterana em Graz ficou vago, persuadiram-no a deixar a teologia e ocupar o posto. Esse viria a ser o ponto decisivo de sua carreira.

Kepler praticou a astrologia tanto quanto a astronomia e, quando chegou a Graz, publicou um calendário profético, o qual, por sorte, se mostrou correto em suas predições do tempo e das revoltas de camponeses. Sua reputação tornou-se quase lendária, embora outros calendários tenham se seguido àquele com predições não tão corretas. Kepler adotou uma postura interessante frente à astrologia, pois rejeitou a maioria das regras que guiavam os astrólogos; ele realmente acreditava na harmonia do universo e na existência de uma correspondência harmoniosa entre o cosmo e o indivíduo — daí sua inclinação pela astrologia. Por outro lado, sempre se referia à astrologia como a "ridícula irmãzinha da astronomia", e mais tarde escreveria que, se os astrólogos algumas vezes viam as suas previsões se realizarem, isso devia ser atribuído à sorte. Não obstante, nada disso impediu que ele continuasse a elaborar horóscopos, especialmente quando solicitado pelos ricos.

A inclinação teológica de Kepler deu-lhe uma crença muito firme nos desígnios divinos do universo, e isso, por sua vez, o conduziu ao que ele acreditou ser uma grande descoberta. Publicou-a em 1597 sob o título *Um precursor dos tratados cosmográficos contendo os mistérios do universo* — usualmente conhecido, em resumo, como *Mistério do universo,* com a evidente intenção de que fosse o primeiro de uma série de tratados astronômicos. Kepler de fato os escreveu, embora nem todos tenham tido tanta inclinação mística como esse; alguns eram de tom puramente científico. A descoberta feita por Kepler, e que tanto o deliciava, era de que, usando o cosmo copernicano, com o Sol no centro, ele poderia colocar nos espaços entre as esferas que continham os seis planetas em suas órbitas os cinco poliedros regulares da geometria euclidiana. Assim, um cubo cabia exatamente entre as esferas de Júpiter e Saturno; um tetraedro, entre as esferas de Júpiter e Marte, e assim por diante. Uma vez que só há cinco poliedros regulares, Kepler acreditava haver encontrado a chave do universo, a razão por que só havia seis planetas e estes estavam espaçados do modo pelo qual os astrônomos haviam determinado. Era um argumento místico-matemático e enfatiza um aspecto da natureza de Kepler, aspecto esse que deveria ser novamente bem aproveitado pela astronomia, muitos anos depois.

Ilustração à página 88

Tycho Brahe ficou muito impressionado com o livro de Kepler, mas não porque atribuísse ao astrônomo alemão a descoberta do segredo do universo, pois naquela época suas próprias observações haviam tornado evidente que as esferas celestes eram uma ficção. O que mais impressionou Tycho foi a habilidade matemática de Kepler. Ali estava, claramente, um homem que poderia tomar suas observações planetárias e usá-las para extrair o verdadeiro movimento dos planetas. Nesse momento, a perseguição religiosa se fez presente, forçando Kepler e sua família a saírem de Graz e, finalmente, irem ao encontro de Tycho, em Praga. Kepler estabeleceu-se nessa cidade em 1600, mas já no ano seguinte Tycho faleceu; Kepler foi então designado "matemático imperial" em seu lugar.

Tycho mantivera em segredo suas observações planetárias, mas, em seu leito de morte, tinha instado Kepler a usá-las a fim de preparar um novo conjunto de tabelas de movimentos planetários — as *Tabelas rodolfinas* —, que ele acreditava iriam confirmar sua própria teoria acomodatória e provar que o esquema de Copérnico era insustentável. Nessa época, Kepler dedicava-se a observações de Marte, circunstância feliz, pois a órbita excêntrica de Marte — sobre a qual nem Tycho nem Kepler sabiam coisa alguma na época — era apropriada para revelar as diferenças vitais entre as teorias. As próprias observações não eram somente mais precisas; elas ainda possuíam outra vantagem. Tycho fizera observações contínuas, em vez de adotar o processo habitual de observar apenas em ocasiões significativas em termos astronômicos e astrológicos, tais como conjunções e oposições. Assim, as observações cobriram os movimentos dos planetas ao longo do céu, de modo que eram muito mais completas do que quaisquer outras feitas anteriormente.

O trabalho de Kepler em observações de Marte levou anos; a quantidade de cálculos envolvida foi imensa, e não havia qualquer meio mecânico para auxiliá-lo. E, além disso, uma brilhante supernova apareceu no outono de 1604, e isso desviou seu interesse por algum tempo, resultando em um livro, *A nova estrela,* publicado em 1606. Todavia, à medida que continuava seus cálculos, foi-se tornando claro que a teoria planetária de Tycho não era aceitável — não se ajustava às suas próprias observações —, da mesma forma que a teoria de Copérnico. Marte não se comportava de acordo com nenhuma das duas teorias. Nesse ponto revelou-se o outro lado do caráter de Kepler, pois, apesar de suas idéias preconcebidas de harmonia celeste, ele seguia apenas as observações: uma atitude totalmente científica. Talvez acreditasse que isso poderia levá-lo a descobertas quanto ao desígnio divino do cosmo, mas, pelo menos, ele apoiava-se em fatos concretos.

O resultado de sua investigação foi publicado em 1609, em *A nova astronomia,* e nova ela certamente era. Pois o que Kepler havia descoberto quebrava a tradição, tudo aquilo que os gregos e os astrônomos subseqüentes tinham considerado consagrado. Ele mostrou, conclusivamente, não só que Marte orbitava em torno do Sol, mas também, e muito mais significativamente, que o fazia segundo uma elipse. A órbita circular dos gregos e também a crença em um movimento planetário uniforme estavam enterradas, pois Marte variava sua velocidade orbital enquanto se deslocava ao longo de sua trajetória elíptica, acelerando sua velocidade à medida que se aproximava do Sol (periélio) e diminuindo-a ao se afastar dele (afélio). Deve-se admitir que, em 1609, Kepler só podia provar esse comportamento planetário em relação a Marte, mas, após examinar todas as observações de Brahe, tornou-se evidente que os outros planetas se comportavam da mesma forma. Entre 1619 e 1621, ele publicou uma descrição em três partes, em seu *Epítome da astronomia copernicana.*

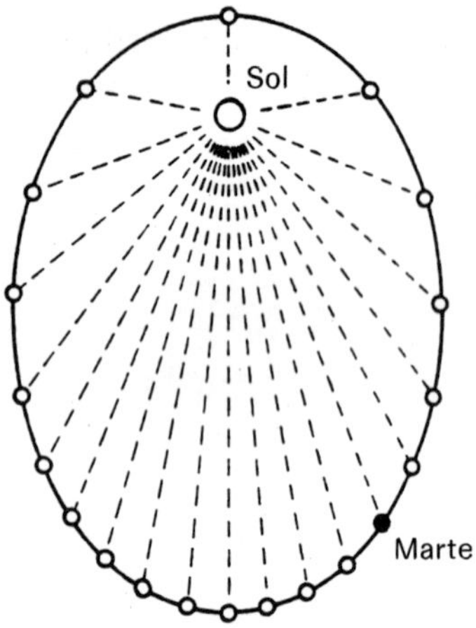

Visão revolucionária de Kepler da órbita de Marte; as linhas pontilhadas e as posições marcadas na elipse indicam áreas iguais e iguais intervalos de tempo na órbita

As leis do movimento planetário tinham que ser revistas: em vez do movimento circular uniforme em torno da Terra, estava claro que os planetas se moviam em trajetórias elípticas ao redor do Sol e a velocidades variáveis, e a mudança da velocidade determinava que uma linha traçada entre o Sol e o planeta sempre cobria uma mesma área dentro da elipse, em um mesmo período de tempo. Eram novas idéias para a astronomia. O lado místico de Kepler, contudo, ainda procurava alguma regularidade subjacente, alguma evidência do desígnio divino por trás desse novo sistema de movimento planetário, e enquanto escrevia o *Epítome* dedicou-se a procurar esse princípio. Sua perseverança foi recompensada, e em 1618, um ano antes de concluir seu *Epítome,* publicou a *Harmonia do mundo.* Para ele, esse era seu feito máximo. Descobriu uma relação entre as velocidades dos planetas em suas órbitas elípticas e a harmonia musical; foi capaz de relacionar as velocidades mais retas e mais baixas de cada planeta à escala musical. Essa foi a visão culminante de Kepler, a apoteose da "música das esferas" de Pitágoras e de Platão. Embora hoje em dia não se dê qualquer valor científico a essa relação astronômico-musical, damos importância a uma descoberta adicional que Kepler fez enquanto trabalhava nessa lei. É a que mostra que a relação entre o tempo que cada planeta leva para completar uma órbita elíptica e sua distância média do Sol é a mesma para todos eles. Sua importância especial reside no fato de que, se conhecermos os tempos orbitais (que são relativamente fáceis de obter) dos planetas e a distância média de apenas um deles em relação ao Sol, poderemos calcular a distância de todos eles. Gerações posteriores de astrônomos fariam bom uso dessa regra.

Ilustração à página 87

Sobre a "música das esferas", ver volume I, páginas 76-79.

A estada de Kepler em Praga foi repleta de dificuldades. Seu salário estava sempre muitíssimo atrasado, e, em 1611, a tragédia se apossou dele. A mulher e o filho mais velho morreram. Praga foi o cenário de uma sangrenta revolta, e seu patrocinador Rodolfo abdicou. Em 1612, Kepler emigrou para Linz, onde o *Epítome* e a *Harmonia* foram publicados, e lá ele se casou outra vez, embora só pudesse permanecer no local por algum tempo. Em 1625, foi forçado a se mudar novamente, dessa vez para Ulm. Foi nessa cidade que as *Tabelas rodolfinas* apareceram em 1627, três anos antes de sua morte.

O UNIVERSO DA PRECISÃO

Ilustração à página 89

Se Kepler foi empurrado de um lugar para outro por causa de guerras e revoltas, a religião iria converter-se num obstáculo ao trabalho de outro grande italiano contemporâneo, Galileu Galilei. Nascido em Pisa, em 1564, e portanto cerca de oito anos mais velho que Kepler, Galileu era filho do compositor e musicólogo de temperamento independente, Vincenzo Galilei. Foi criado em um lar que valorizava as artes e acolhia entusiasticamente as novas idéias; na verdade, Galileu disse um dia que bem poderia ter escolhido uma carreira artística, como seu irmão, Michelangelo, que se tornou realmente um músico profissional. A família mudou-se para Florença — Vincenzo Galilei era membro de uma família destacada na medicina e nos negócios públicos —, e Galileu foi enviado para a famosa escola do mosteiro jesuíta de Vallombrosa, distante cerca de vinte quilômetros. Em 1578, aos catorze anos, tornou-se um noviço jesuíta, mas o pai imediatamente o tirou da escola. Três anos depois, encontramos Galileu inscrito como estudante de medicina na Universidade de Pisa. Mas Galileu não tinha inclinação para a medicina; apreciava a matemática, e foi durante o curso de medicina que descobriu o isocronismo do pêndulo, usando sua pulsação para marcar o tempo do balanço de um candelabro durante os serviços da igreja. Voltou de Pisa sem diploma e, desde então, devotou-se à matemática, à mecânica e à hidrostática.

Em 1588, uma conferência matematicamente orientada, proferida na Academia Florentina, sobre a geografia no *Inferno* de Dante granjeou-lhe muitos aplausos e o auxílio de Guidobaldo del Monte, que intercedeu a seu favor para a obtenção da cadeira de matemática em Pisa. Galileu tinha então 35 anos. Tornava-se cada vez mais crítico da teoria aristotélica sobre o movimento, e escreveu um pequeno tratado, *Movimento,* com o qual destruiu a distinção de Aristóteles entre duas diferentes espécies de movimento — forçado e natural; para Galileu, ambos eram essencialmente o mesmo. Esse passo importante seria elaborado mais tarde. Foi no tempo em que exercia a atividade de professor em Pisa que, dizem, deixou cair diferentes pesos da torre inclinada, embora não em frente de toda a universidade, como conta a história. De qualquer forma, Galileu certamente pesquisou o movimento da queda dos corpos, provando, ao contrário da teoria aristotélica, que, fossem leves ou pesados, levavam precisamente o mesmo tempo para chegar ao chão. Rolando bolas em planos inclinados, discutiu também o movimento de corpos ao longo de uma superfície e aproximou-se, embora não tivesse concluído, do que mais tarde seria chamado de primeira lei do movimento de Newton. Essas descobertas eram todas notáveis por si mesmas, mas tinham um significado especial porque, para chegar a elas, Galileu usou técnicas matemáticas ao analisar os resultados. De nenhum outro modo poderia ter chegado a essas conclusões. Sua poderosa abordagem matemática foi, de fato, tão eficaz que se tornaria a marca registrada da nova física que se desenvolveria nos séculos XVII e XVIII; essa é a razão por que o chamam o "pai da física matemática".

Sobre a teoria do movimento de Aristóteles, ver volume I, páginas 111-112; sobre críticas medievais posteriores a essa teoria, ver volume II, páginas 155-158.

Sobre a expansão das idéias de Galileu por Descartes, ver página 83.

A cátedra de Pisa era muito mal remunerada e, após a morte de seu pai, em 1591, Galileu teve de assumir a responsabilidade por toda a família. Precisou mudar-se para obter um emprego mais bem pago e, com a ajuda de Guidobaldo, conseguiu a cadeira de Pádua, onde a atmosfera acadêmica era muito mais de seu agrado; lá havia liberdade de pensamento acadêmico, pois a universidade estava subordinada ao poderoso governo veneziano e não tolerava interferências externas. Em Pádua, Galileu fez conferências e pesquisas sobre o movimento e explicou como um projétil se move em um percurso curvo (parabólico) e não em linha reta, como pregavam as leis do movimento aristotélicas. Organizou também uma oficina em sua casa para a fabricação do seu instrumento de cálculo, a "bússola militar e geométrica", como forma de suplementar seus rendimentos.

Ilustração à página 88

Durante sua estada em Pádua, Galileu se envolveu com o telescópio. Na primavera de 1609, apareceu um desses instrumentos, em Veneza, e foi oferecido ao doge por alto preço. Galileu soube que ele tinha duas lentes, uma em cada extremidade do tubo. Foi a informação suficiente, pois seu conhecimento de "perspectiva", como ele a chamava (isto é, seu conhecimento de óptica), era suficiente para que desenhasse seu próprio aparelho de ver à distância, e que o fizesse rapidamente. Quase da noite para o dia ele desenhou um telescópio para aumentar três vezes o tamanho aparente de um objeto observado e, em breve, outro com o poder de ampliar dez vezes. No entanto, fazer um telescópio eficaz não era apenas uma combinação de tipos de lentes apropriadas; envolvia o uso de lentes especialmente manufaturadas para esse fim. Por fim, ele construiu um instrumento com o poder de ampliação de até trinta vezes.

Mas Galileu não inventou o telescópio. O exemplar de Veneza era procedente dos Países Baixos e foi lá, no princípio de outubro de 1608, que Hans Lipperhey (ou Lippershey), fabricante de óculos de Middelburg, entrou com o pedido de patente de um instrumento para ver à distância (o termo "telescópio" só foi criado em 1611, na Itália). Entretanto, Lipperhey não foi o único a divulgar a descoberta; quinze dias depois, um segundo pedido de patente foi recebido pelos Estados Gerais (o Parlamento dos Países Baixos) e, mais tarde, outro oculista de Middelburg também reivindicou a invenção. A história da descoberta é ainda mais complicada, em parte pelo fato de Della Porta também ter reivindicado a invenção — e decerto um telescópio italiano de 1590 é mencionado em relatos contemporâneos — e em parte por alegações muito sólidas dos ingleses, notadamente Leonard e Thomas Digges. O verdadeiro inventor ainda é, portanto, assunto de debate.

Sobre o uso anterior das lentes por Grosseteste e Bacon, ver volume II, páginas 140-142; e por Della Porta, ver página 59. Sobre a visão de Thomas Digges de um universo infinito, ver página 71.

Ilustrações às páginas 88, 90.

A importância de Galileu na história do telescópio deve-se ao fato de ele ter empregado cientificamente esse instrumento: por volta de 1610, publicou seu *Mensageiro sideral,* livro em que detalha algumas observações astronômicas vitalmente importantes. Pode até não ter sido ele o primeiro a usar telescópio com fins astronômicos; a concepção de Thomas Digges de um universo infinito de estrelas, cada uma como o Sol, pode ser resultado de uma observação do céu através de um telescópio, ao passo que há uma prova inconteste de que um amigo de Digges, Thomas Harriot, elaborava um mapa lunar com o auxílio de um telescópio cerca de dois meses após as observações de Galileu. Mas Harriot nada publicou, e foi o *Mensageiro sideral* de Galileu que chamou a atenção do mundo científico ocidental para a utilidade do telescópio. Nesse livro, Galileu explicou como observou muito mais estrelas do que as que eram visíveis a olho nu — e, portanto, muito mais do que as que eram conhecidas pelos antigos —, argumento contra a "perfeição" da ciência antiga, tão cara a seus antagonistas aristotélicos. Ele notou também que a Lua tinha montanhas — e chegou a medir suas alturas através dos comprimentos de suas sombras —, descobriu que a via-láctea era composta de miríades de estrelas distintas e, acima de tudo, que o planeta Júpiter era acompanhado, em sua órbita, por quatro pequenas luas. Essas descobertas eram realmente importantes, pois mostravam que um planeta podia arrastar seus próprios satélites, e efetivamente contrariavam o argumento de que, se a Terra se movesse, como supunha Copérnico, a Lua seria deixada para trás. Mais tarde, em 1610, Galileu observou que Vênus apresentava fases como as da Lua e notou também a estranha natureza do planeta Saturno, que lhe parecia um planeta triplo. Entre 1610 e 1611, ele observou manchas na superfície do Sol.

Para Galileu, todas essas observações correspondiam a uma forte evidência em apoio à teoria de Copérnico. No entanto, seu desejo de voltar para Florença, e seu acerto em tomar essa decisão — durante o ano de 1610, tornou-se o filósofo e o matemático do jovem Cosme de Medici, grão-duque da Toscana —, fez com que trocasse a proteção de Veneza pela atmosfera de orientação mais aristotélica de um Estado onde a Igreja tinha uma influência poderosa. Além disso, vista com suspeita, sua posição na corte despertava uma inveja que Galileu pouco fez para desencorajar. Visitou Roma, foi festejado por suas observações feitas com telescópios e eleito para a Academia do Lincei, mas em Florença havia os que se recusavam a olhar através de seu telescópio, preferindo ver por si mesmos. Lá prevalecia o conservadorismo intelectual, e os acadêmicos não aceitavam o fato de que um simples instrumento pudesse desencadear a rejeição do universo aristotélico, para não falar de toda a física e toda a mecânica de Aristóteles, como queria Galileu. Foi em Florença, também, na Igreja de Santa Maria Novella, que, em 1614, o dominicano Tommaso Caccini fez seu sermão contra o copernicanismo e contra os "matemáticos", embora fosse provável que esse sermão se dirigisse àqueles que praticavam a cabala e a numerologia — os "matesiológicos" herméticos. Os dominicanos já tinham, então, refutado a teoria copernicana, e Galileu foi aconselhado a moderar suas declarações. Ele foi novamente para Roma, mas verificou ser impossível convencer as autoridades do significado de sua posição; na verdade, o mais importante teólogo da Igreja, o cardeal Roberto Bellarmine, admoestou-o, pois uma Terra em movimento feria as Escrituras.

Galileu voltou a Florença e, por algum tempo, manteve-se em silêncio, mas em 1623 lançou um de seus sarcásticos ataques em um livro sobre a natureza dos cometas. Nessa obra, usou uma fineza mordaz para ridicularizar e demolir seu oponente — uma técnica em que era mestre —, mas seu livro, *O ensaiador,* não era polêmico em absoluto. Nele Galileu expôs seus pontos de vista sobre a realidade científica e sobre o novo método científico; explicou sua doutrina das qualidades primárias (as que podiam ser medidas) e secundárias (não mensuráveis, isto é, qualidades como o odor e o sabor). Explicou também como definir um problema com o auxílio de experiências preliminares e, a partir dos resultados, formar uma teoria, a qual poderia, então, ser usada para "predizer" conseqüências capazes de ser testadas pela observação. Foi em *O ensaiador,* também, que ele fez sua famosa observação: "O Livro da Natureza é (. . .) escrito em caracteres matemáticos".

O ensaiador foi dedicado a Maffeo Barberini, o novo papa e um amigo e protetor de Galileu, que o recebeu com entusiasmo. Os jesuítas — um dos quais tinha, sem que Galileu o soubesse, escrito o livro original sobre os cometas — não ficaram satisfeitos. O que Galileu esperava, tendo em vista o sucesso de *O ensaiador* no Vaticano, era que Barberini revogasse o decreto condenando o copernicanismo, e visitou Roma para fazer esse pedido. Embora não fosse atendido, Galileu recebeu permissão para escrever sobre toda a questão a partir dos dois pontos de vista a respeito do universo, o ptolomaico-aristotélico e o copernicano, embora tenha sido avisado para não chegar a qualquer conclusão definitiva. Estimulado pelo sucesso parcial, Galileu voltou outra vez a Florença e começou a escrever seu *Diálogo sobre os dois principais sistemas do mundo — o ptolomaico e o copernicano.* Publicado em 1632, foi aclamado em toda a Europa como obra-prima literária e científica. Na Itália, contudo, causou uma tempestade.

Ilustração à página 90

A Igreja achou que o livro tinha tendências copernicanas, e o "posfácio" que Galileu fora aconselhado a acrescentar ao volume fora escrito de forma a parecer insípido. Em 1633, Galileu foi processado pela Inquisição, mas, devido à sua idade — 69 anos —, foi tratado com indulgência. Não obstante, forçado a se retratar, foi condenado à prisão domiciliar, mas, felizmente, sua mente ainda estava ativa e, apesar do malogro, trabalhou em seu último livro, *Discursos referentes a duas novas ciências. . .* texto que discute suas conclusões a respeito da mecânica. Era um livro valioso, que, porém, teve de ser publicado na cidade protestante de Leiden, em 1638. Galileu passou seus últimos anos aplicando o pêndulo à regulação de mecanismos, embora o mérito de pôr esse mecanismo em prática coubesse ao cientista holandês Christiaan Huygens, em 1656, inaugurando uma era de precisão na medição mecânica do tempo. Galileu morreu em 1642, o ano em que nasceu Isaac Newton.

Ilustração à página 89

A visão do universo adotada por Galileu era baseada na observação, na experimentação e numa generosa aplicação da matemática. Uma atitude de certa forma diferente foi adotada por seu contemporâneo mais jovem, René Descartes (1596-1650), nascido em La Haye (atual La Haye Descartes), em Vienne, França. Descartes era

O UNIVERSO DA PRECISÃO

Ilustração à página 90

essencialmente um filósofo matemático que começou a formular uma nova concepção filosófica do universo, a qual destruiu totalmente a antiga visão escolástica medieval. Fisicamente frágil, filho de advogado, em 1604 Descartes foi enviado para a nova escola jesuíta de La Flèche, cujo ensino o deixou insatisfeito e desapontado. Em 1616, recebeu o diploma de direito na Universidade de Poitiers, mas dois anos depois, quando começou a Guerra dos Trinta Anos, viu-se envolvido em negócios militares, embora provavelmente não tenha participado dos combates. Durante esse período, engajou-se em algumas pesquisas matemáticas e também decidiu começar a construir um esquema geral de conhecimentos. Para completar esse trabalho, precisava de mais paz e quietude do que lhe poderia proporcionar o serviço militar, e assim demitiu-se de seu posto e em 1628 mudou-se para os Países Baixos, onde permaneceu durante os 21 anos seguintes. Em 1649, mudou-se para a Suécia, a convite da jovem rainha Cristina, apaixonada patrocinadora das artes e ardente recrutadora de sábios para a sua corte, mas lá a saúde de Descartes se deteriorou; vitimado por pneumonia, morreu no princípio de 1650.

Neste livro nosso interesse se focaliza no Descartes matemático e suas idéias a respeito do universo. Descartes sempre se interessou pelo que era certo ou não e, depois de muitas considerações sobre essa questão, chegou à conclusão de que a única coisa sobre a qual podia estar certo era a respeito de sua existência como ser sensível; expressou isso com a frase: *"Cogito, ergo sum"* ("Penso, logo existo"). Tendo isso em mente, argumentou que um bom Deus não iria enganar suas criaturas, e aí começou a construir sua imagem do universo. Estabeleceu seus princípios em dois trabalhos, o *Discurso do método,* de 1637, e o livro que nos interessa principalmente, *Princípios de filosofia,* de 1644. Escrito em três partes, a primeira delas expõe novamente suas doutrinas filosóficas, enquanto a segunda e a terceira revelam sua interpretação do cosmo. Argumenta que, como não se pode pensar em qualquer limite para a extensão do espaço, o universo deve ser infinito. Por outro lado, podemos pensar em dividir a matéria *ad lib,* de modo que ele rejeitou a existência do átomo. Também rejeitou a existência de um vácuo, e considerava o espaço um *"plenum",* isto é, cheio de matéria, da mesma espécie e em movimento. Acreditava que Deus sempre conserva a mesma quantidade de matéria e de movimento — primeira declaração da importante lei da conservação do momentum (momentum = quantidade de matéria × sua velocidade) — e que, se nenhuma força agir sobre ele, um corpo se moverá sempre na mesma direção, com a mesma velocidade, indefinidamente, o que constitui a primeira declaração formal do que viria a ser conhecido como a "lei da inércia". Galileu chegara perto dessa noção, embora não tivesse incluído nela os movimentos celestes, pois os considerava um caso especial; em seu ponto de vista, os movimentos celestes eram naturalmente circulares.

Na terceira parte dos *Princípios,* Descartes mostrou como, com uma suposição adicional, o universo que observamos deve ter surgido. A suposição adicional era de que, na Criação, Deus tomou a matéria, dividiu-a arbitrariamente e colocou-a em movimento. Assim, já que não pode existir vácuo, uma partícula deve sempre ser substituída por outra, e isso conduziu Descartes ao seu princípio dos vórtices. Embora toda a matéria seja a mesma, suas partículas variam em tamanho; as maiores compõem o material da Terra; as de tamanho médio, o ar, e as menores, o fogo. Essas partículas são coletadas em vórtices. Nos centros congregam-se as partículas de fogo, pois estas se movem mais depressa; assim, no centro de cada vórtice forma-se pois uma estrela. Essas estrelas giram e, então, exercem uma pressão para fora, cujo efeito é o mesmo observado quando se gira uma pedra presa na extremidade de um cordão. Cada estrela, portanto, empurra todas as demais. Entretanto, as estrelas têm tendência a se cobrir com matéria grossa; quando isso acontece, elas inicialmente exibem manchas solares e, por fim, deixam de brilhar. Então a pressão para fora cessa, e o vórtice entra em colapso. A estrela coberta vagueia em outro vórtice para se tornar um planeta, a não ser que sua excessiva massa a faça errar de um vórtice a outro e, assim, tornar-se o que chamamos de cometa. Os satélites planetários são velhos planetas, formados muito tempo antes.

O sistema de Descartes era um *tour de force* intelectual e causou um grande impacto quando se tornou público. Como é evidente, ele apoiava a teoria copernicana e se esforçava por torná-la aceitável em muitos círculos acadêmicos, onde, de outro modo, ela teria permanecido no limbo. Na Universidade de Cambridge ele foi bem acolhido e transmitiu suas idéias aos estudantes, um dos quais era Isaac Newton. A teoria de Descartes de um *plenum* de vórtices e suas idéias sobre a evolução dos planetas, cometas e estrelas estavam equivocadas, embora só viessem a ser refutadas anos depois. Apesar disso, seu estudo do movimento planetário era interessante e enfatizava o fato de que, durante o século XVII, os princípios da física estavam sendo usados para tentar explicar os movimentos que Kepler tão brilhantemente investigara. Ninguém estava convencido de que suas órbitas elípticas correspondiam à realidade, pois diferiam apenas ligeiramente dos círculos, e alguns cientistas ainda defendiam a teoria do movimento circular. Mas, elíptica ou circular, a questão crucial se resumia na pergunta: por que os planetas se moviam em órbitas fechadas? Kepler atribuiu esse tipo de trajetória a uma atração magnética, mas não foi convincente.

Em 1666, Giovanni Borelli, que nascera em Nápoles em 1608 e conhecera Galileu, publicou sua *Teoria das estrelas medicianas,* um livro que tratava dos quatro grandes satélites de Júpiter, que Galileu batizara de "estrelas medicinais" quando procurava obter o patrocínio de Cosme de Medici; a importância dessa obra reside no estudo que Borelli faz da física de seu movimento e, mais especialmente, do movimento dos planetas ao redor do Sol. Quanto ao último, Borelli reviu as várias idéias da época — segundo as quais eles eram movidos por invisíveis "raios" emanados do Sol em rotação ou estavam flutuando em alguma espécie de atmosfera solar —, mas rejeitou-as por falta de provas. Como matemático — Borelli ocupou a antiga cadeira de matemática de Galileu em Pisa —, concluiu que seu movimento se devia a uma combinação de três forças; a primeira, um "instinto natural" que os puxava para o Sol; a segunda, uma força tangencial ou lateral, proveniente dos raios do Sol (essa idéia foi extraída de algumas observações de Kleper); e a terceira, a tendência de um corpo a recuar na direção contrária ao Sol (o tipo de força que atua quando se gira uma pedra amarrada a um cordão, isto é, a força centrífuga). Em suma, Borelli acreditava que os planetas estavam sujeitos a várias forças e se moviam em órbitas estáveis por estarem em equilíbrio. Isso representava um notável avanço, embora só tenha atingido seu pleno desenvolvimento com Isaac Newton, vinte anos depois.

Uma tentativa de examinar o assunto mais a fundo foi feita por Robert Hooke, brilhante cientista que, porém, parece ter sido incapaz de dar seguimento a suas idéias, muitas vezes bastante originais. Hooke verificou que o Sol deve exercer forte atração sobre os planetas, embora a precisa expressão matemática da força — Hooke optava pela idéia que devia ser magnética — lhe tenha escapado. E também escapou a outros contemporâneos; o jovem astrônomo Jeremiah Horrocks, de Liverpool, o arquiteto e astrônomo Christopher Wren e o astrônomo Edmond Halley. Todos estavam certos de que o Sol exercia uma força de atração; chegaram a suspeitar de uma força do tipo "inverso do quadrado" (isto é, diminuía na razão do quadrado da distância; um planeta duas vezes mais distante de outro seria atraído por um quarto da força, outro, três vezes mais distante, por apenas um nono da força, e assim por diante). O fato de até Halley — de forma alguma desprezível como matemático — ter falhado talvez não surpreenda, pois a solução da questão exigia a criação de uma técnica matemática radicalmente nova. Essa necessidade surgiu porque, como os planetas se moviam em órbitas elípticas, sua distância em relação ao Sol estava continuamente se alterando, o que fazia com que a mudança da força de atração também acontecesse de maneira constante. Era necessária uma matemática que pudesse lidar especificamente com quantidades mutáveis, e a criação de tal técnica — o "cálculo" — foi uma das realizações de Newton.

Ilustração à página 92

Isaac Newton nasceu em Woolsthorpe, Lincolnshire, no Natal de 1642. Sendo um bebê prematuro, que veio ao mundo dois meses depois da morte do pai, era tão pequeno que "caberia em uma caneca de um quarto de galão". A família Newton era de pequenos fazendeiros, e acreditava-se que Isaac continuaria a tradição, mas ele não tinha aptidão para a agricultura. Estava interessado em instrumentos mecânicos e no mundo natural, e sua mãe foi finalmente convencida, pelo diretor da Escola Real de Grantham e por um tio a deixar o rapaz preparar-se para cursar a universidade. Assim, em 1661, Newton foi para o Trinity College, em Cambridge, como aluno pobre que tinha de pagar suas despesas executando trabalhos domésticos para os colegas de faculdade.

Ilustração à página 90

Newton não mostrou especial capacidade em seus primeiros anos em Cambridge, embora saibamos que leu, entre outros livros, trabalhos sobre óptica e matemática, assim como os *Princípios de filosofia,* de Descartes, e o *Diálogo sobre os dois grandes sistemas do mundo,* de Galileu, mas não, ao que parece, o posterior *Discursos sobre duas novas ciências.* Isaac Barrow, ao que parece, foi o primeiro a reconhecer os talentos de Newton, isso apesar do fato de que, ao examiná-lo, em 1664, achou o jovem aluno fraco em geometria euclidiana. O próprio Barrow, teólogo e matemático, em 1663, fora designado para a nova cadeira de matemática doada por Henry Lucas, antigo aluno da universidade e, por uma legislatura, seu representante no Parlamento. Barrow encorajou Newton, que, em 1665, recebeu seu primeiro diploma, embora sem distinção. Normalmente, Newton deveria então preparar-se para o diploma de mestre, mas 1665 foi um ano anormal. Em dezembro de 1664, a peste bubônica — a Grande Praga — grassou em Londres, e, em Cambridge, as autoridades da universidade começaram a se perturbar porque a praga havia chegado à cidade. Como não existisse um tratamento médico eficaz, a universidade foi fechada, e Newton voltou para Woolsthorpe, onde permaneceu até 1667, salvo por uma pequena viagem a Cambridge.

Durante esses anos da praga, "eu estava", escreveu Newton mais tarde, "no vigor de minha idade para as invenções e com o pensamento voltado para a matemática e para a filosofia [isto é, a ciência] mais que em qualquer época posterior", e foi certamente nesse período que ele realizou experiências e lançou os fundamentos de sua teoria da composição da luz, ao mesmo tempo em que desenvolveu a base de suas idéias sobre gravitação e movimento planetário. No jardim de Woolsthorpe havia uma macieira, e talvez seja verdadeira a história de que a queda de uma maçã tenha lhe fornecido a base para a solução do problema dos planetas. Com seu grau de mestre garantido em 1668, estava bem estabelecido como acadêmico, especialmente quando, no ano seguinte, Isaac Barrow se demitiu de sua cadeira em favor do jovem discípulo.

A queda da maçã despertou Newton para uma questão: a força de atração exercida pela Terra para fazer a maçã cair era a mesma que fazia a Lua "cair" para a Terra e, assim, a colocava em órbita elíptica em torno de nosso planeta? Os cálculos confirmavam essa hipótese, porém ainda havia muito trabalho a ser realizado. Não foi, talvez, antes de 1684 que, após uma troca de cartas com Robert Hooke, Newton se sentiu completamente senhor do assunto, de todos os princípios dinâmicos que envolviam a questão, tornando-se capaz de solucionar o problema. Em todo caso, 1684 mostrou ser importante por outra razão, pois foi nesse ano que Edmond Halley visitou Newton para discutir os planetas. Wren havia se oferecido para publicar um livro para Hooke ou Halley se eles pudessem resolver o problema; mas, como nenhum deles conseguiu fazê-lo, Halley decidiu colocar a questão a Newton quando visitou Cambridge. Para sua surpresa, Newton replicou que a força existente entre o Sol e os planetas, e que produzia uma órbita elíptica, atuava de acordo com a lei do inverso do quadrado, e que ele próprio tinha provado isso;

À esquerda. Esboço contemporâneo de Tycho Brahe (1546-1601).

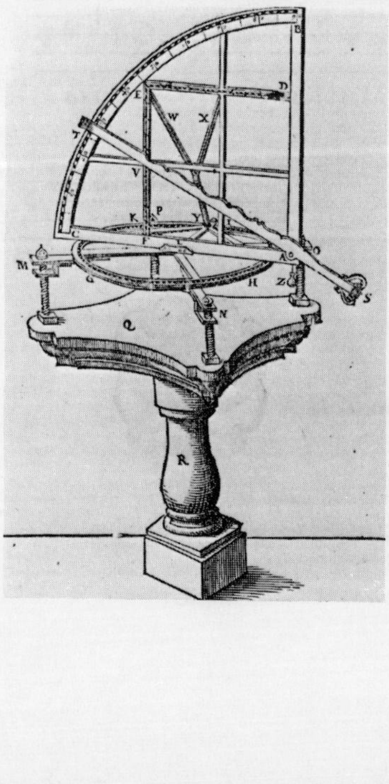

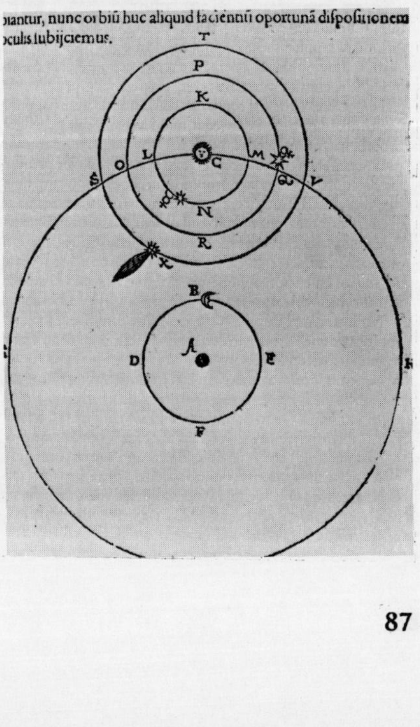

Extrema esquerda. Quadrante de latão móvel em azimute e altitude, desenhado por Tycho e construído em seu observatório de Uraniborg. Da *Mecânica da nova astronomia,* de Tycho Brahe (1598).

À esquerda. O sistema do universo de Tycho, um meio-termo entre as teorias heliocêntrica e geocêntrica. Note-se que mostra um cometa como verdadeiro corpo celeste. De *Sobre um recente fenômeno na atmosfera da Terra,* de Tycho (1588).

Acima. Johannes Kepler (1571-1630).

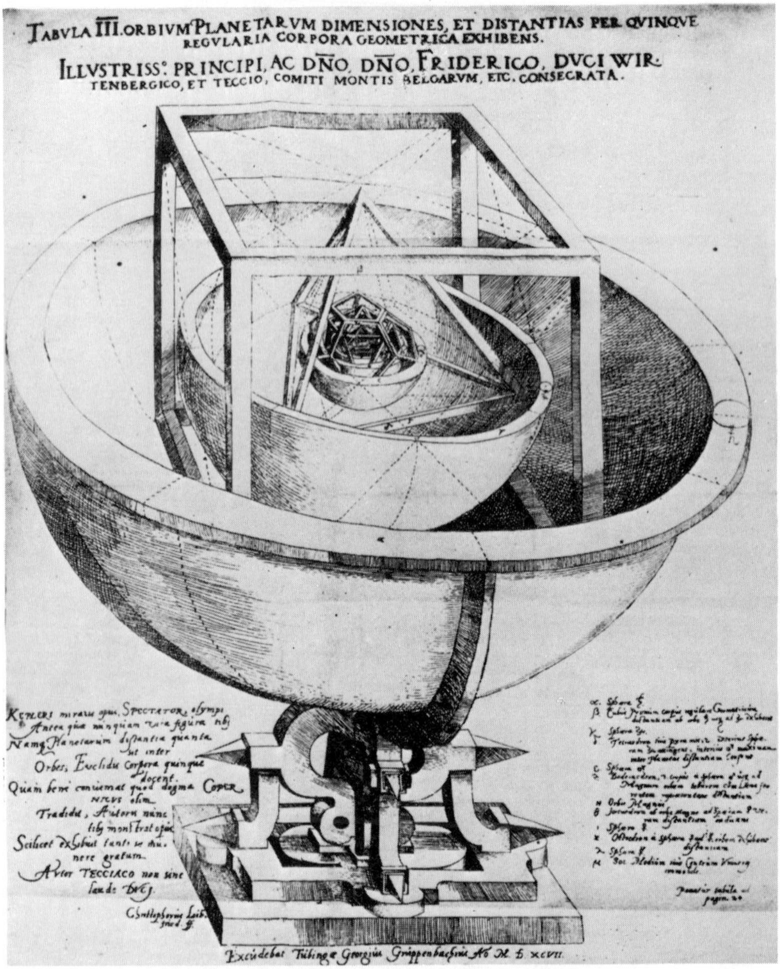

À direita. A teoria heliocêntrica de Kepler baseou-se nos cinco sólidos geométricos regulares, dos quais derivam as órbitas dos cinco planetas. As discrepâncias entre esse atraente padrão e as observações detalhadas de Tycho constituíram um estímulo para as idéias posteriores de Kepler. Isso apareceu originalmente em seu *Mistério do universo* (1597).

Página oposta, à esquerda. Galileu Galilei. Biblioteca Marucelliana, Florença.

Página oposta, abaixo. Esboços da Lua, tal como vista através do telescópio, de Galileu, do *Mensageiro sideral* (1610).

À direita. As escalas musicais "divinas" dos planetas, que Kepler calculou com base nas velocidades mais altas e mais baixas de cada planeta em sua órbita elíptica. De sua *Harmonia do mundo* (1619).

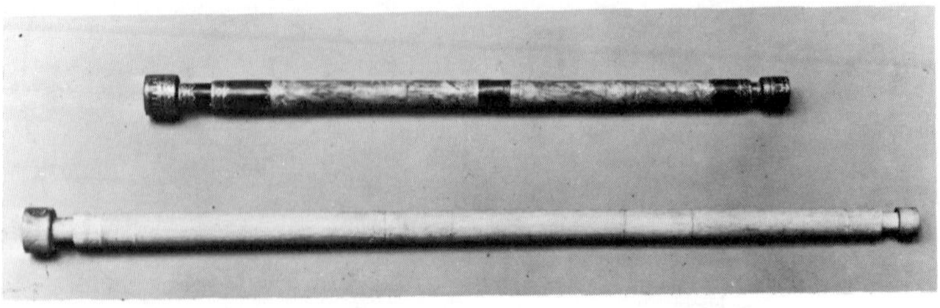

À direita. Réplicas de dois telescópios construídos por Galileu. Museu da Ciência, Londres.

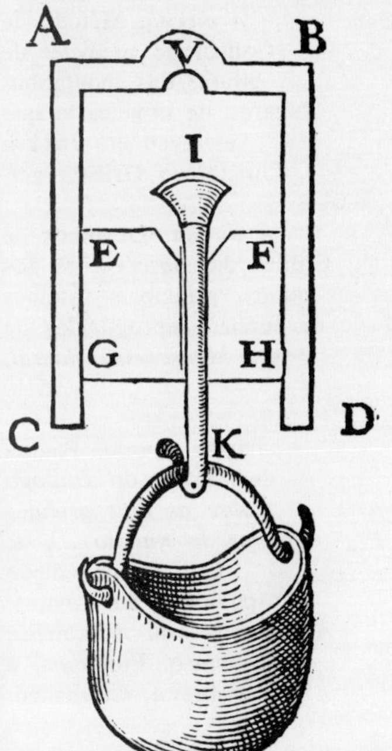

Acima. Experiência para demonstrar a existência de um vácuo, dos *Discursos sobre duas novas ciências*... (1638), de Galileu. Esse trabalho resumia seus estudos de mecânica, campo que ele revolucionou por sua clara percepção das conexões entre a força e o movimento.

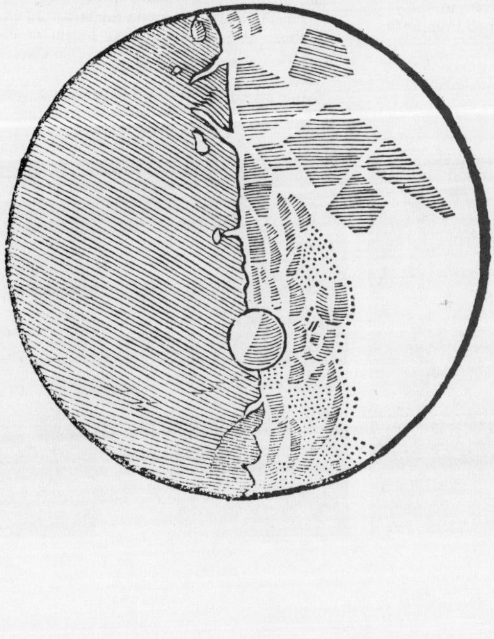

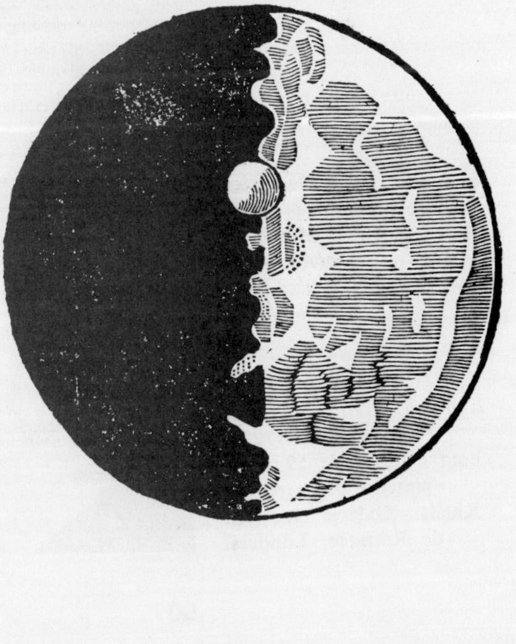

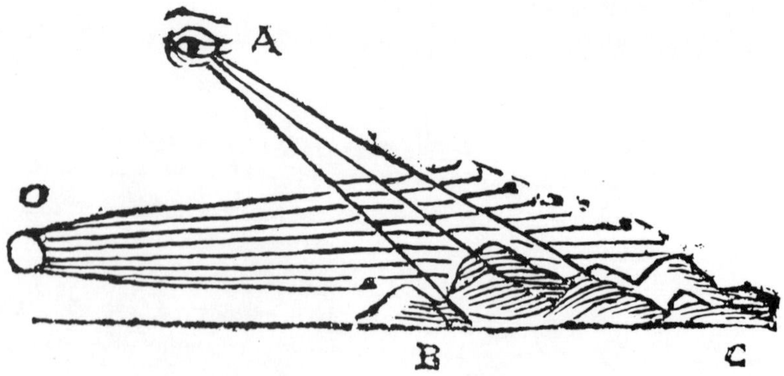

À direita. Método de Galileu de medição de alturas das montanhas lunares, de uma carta que escreveu em 1611 a Christoforo Grienberger.

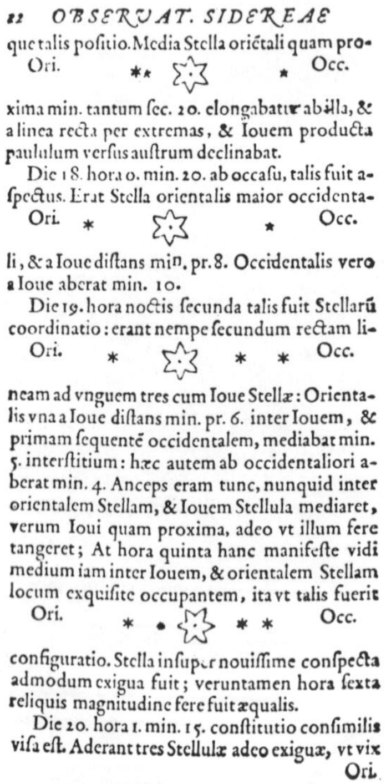

22 OBSERVAT. SIDEREAE

que talis poſitio. Media Stella oriẽtali quam pro-

Ori. Occ.

xima min. tantum ſec. 20. elongabatur ab illa, & a linea recta per extremas, & Iouem producta paululum verſus auſtrum declinabat.

Die 18. hora o. min. 20. ab occaſu, talis fuit aſpectus. Erat Stella orientalis maior occidenta-

Ori. Occ.

li, & a Ioue diſtans min. pr. 8. Occidentalis vero a Ioue aberat min. 10.

Die 19. hora noctis ſecunda talis fuit Stellarũ coordinatio: erant nempe ſecundum rectam li-

Ori. Occ.

neam ad vnguem tres cum Ioue Stellæ: Orientalis vna a Ioue diſtans min. pr. 6. inter Iouem, & primam ſequentẽ occidentalem, mediabat min. 5. interſtitium: hæc autem ab occidentaliori aberat min. 4. Anceps eram tunc, nunquid inter orientalem Stellam, & Iouem Stellula mediaret, verum Ioui quam proxima, adeo vt illum fere tangeret; At hora quinta hanc manifeſte vidi medium iam inter Iouem, & orientalem Stellam locum exquiſite occupantem, ita vt talis fuerit

Ori. Occ.

configuratio. Stella inſuper nouiſſime conſpecta admodum exigua fuit; veruntamen hora ſexta reliquis magnitudine fere fuit æqualis.

Die 20. hora 1. min. 15. conſtitutio conſimilis viſa eſt. Aderant tres Stellulæ adeo exiguæ, vt vix

Ori.

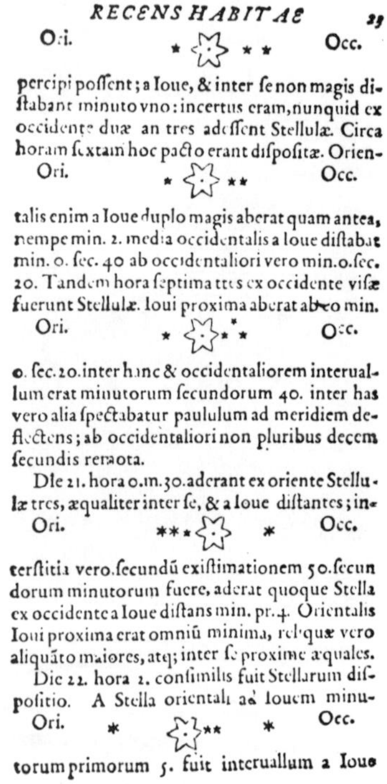

RECENS HABITAE 23

Ori. Occ.

percipi poſſent; a Ioue, & inter ſe non magis diſtabant minuto vno: incertus eram, nunquid ex occidente duæ an tres adeſſent Stellulæ. Circa horam ſextam hoc pacto erant diſpoſitæ. Orien-

Ori. Occ.

talis enim a Ioue duplo magis aberat quam antea, nempe min. 2. media occidentalis a Ioue diſtabat min. o. ſec. 40 ab occidentaliori vero min. o. ſec. 20. Tandem hora ſeptima tres ex occidente viſæ fuerunt Stellulæ. Ioui proxima aberat abitaco min.

Ori. Occ.

o. ſec. 20. inter hanc & occidentaliorem interuallum erat minutorum ſecundorum 40. inter has vero alia ſpectabatur paululum ad meridiem deflectens; ab occidentaliori non pluribus decem ſecundis remota.

Die 21. hora o. m. 30. aderant ex oriente Stellulæ tres, æqualiter inter ſe, & a Ioue diſtantes; in-

Ori. Occ.

terſtitia vero ſecundũ exiſtimationem 50. ſecundorum minutorum fuere, aderat quoque Stella ex occidente a Ioue diſtans min. pr. 4. Orientalis Ioui proxima erat omniũ minima, rel'quæ vero aliquãto maiores, atq; inter ſe proxime æquales.

Die 22. hora 2. conſimilis fuit Stellarum diſpoſitio. A Stella orientali an Iouem minu-

Ori. Occ.

torum primorum 5. fuit interuallum a Ioue

À direita. Desenhos de Galileu das observações dos quatro principais satélites de Júpiter, reproduzidos de seu *Mensageiro sideral,* 1610.

Página oposta. Página dedicatória do *Diálogo sobre os dois grandes sistemas do mundo...*, de Galileu, na edição publicada em Leyden. À esquerda está Aristóteles; no centro, Ptolomeu, e à direita, Copérnico.

À direita. René Descartes, retrato pintado por Frans Hals em 1649. Museu do Louvre, Paris.

Extrema direita. Sir Isaac Newton (1642-1727), com a idade de 59 anos, pintado por Godfrey Kneller. Galeria Nacional de Retratos, Londres.

DIALOGUS
DE SYSTEMATE MUNDI,
Auctore
GALILÆO GALILÆI LYNCEO,
SERENISSIMO
FERDINANDO II. HETRUR. MAGNO-DUCI
dicatus.
ARISTOT.
PTOLEMEUS
N. COPERNICUS

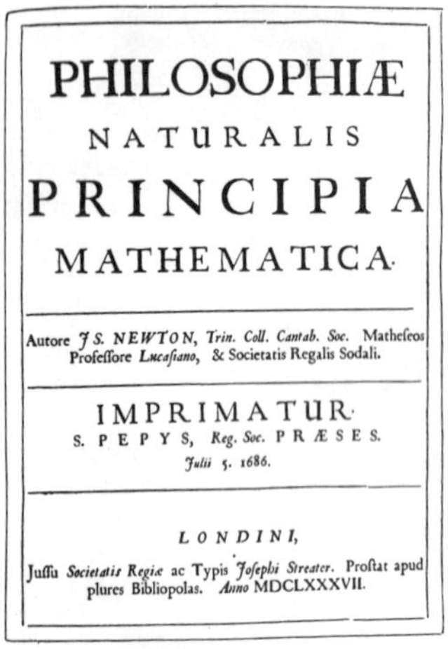

PHILOSOPHIÆ
NATURALIS
PRINCIPIA
MATHEMATICA.

Autore *J S. NEWTON*, *Trin. Coll. Cantab. Soc.* Matheseos Professore *Lucasiano*, & Societatis Regalis Sodali.

IMPRIMATUR.
S. PEPYS, *Reg. Soc.* PRÆSES.
Julii 5. 1686.

LONDINI,

Jussu *Societatis Regiæ* ac Typis *Josephi Streater*. Prostat apud plures Bibliopolas. *Anno* MDCLXXXVII.

Acima. Frontispício da primeira edição (1687) dos *Principia,* de Newton.

À direita. Edmond Halley (1656-1742) retratado por R. Phillips por volta de 1721. Galeria Nacional de Retratos, Londres.

À direita. Johannes Hevelius (1611-1687) com um de seus telescópios. De sua *Selenografia,* 1647.

Abaixo. Diagrama dos percursos de projéteis lançados da Terra em diferentes velocidades, ilustrando como a teoria da atração universal podia explicar as órbitas dos planetas. De *Um tratado sobre o sistema do mundo,* de Newton, 1728.

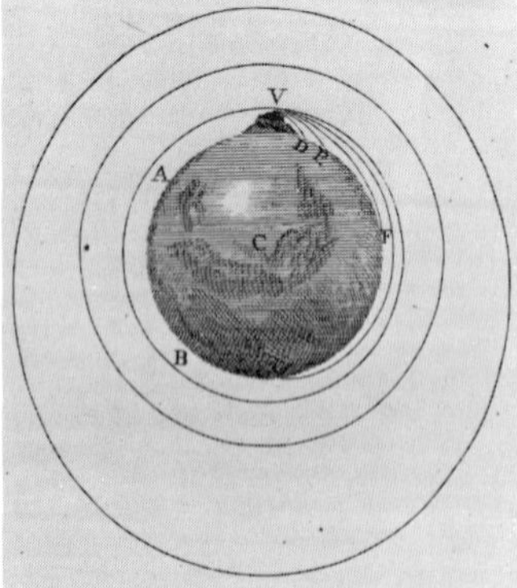

Acima. Sextante com um telescópio de mira precisa, instalado em 1676 no Real Observatório de Greenwich por John Flamsteed (1646-1719), o primeiro astrônomo real inglês.

À esquerda. Telescópio montado equatorialmente, feito em 1791, pelo fabricante de instrumentos Jesse Ramsden, para Sir George Shuckburgh.

À direita. Primeiro cronômetro marítimo de John Harrison, 1751. Museu Nacional Marítimo, Londres.

À direita. Quarto e quinto cronômetros marítimos de John Harrison, que lhe deram o prêmio oferecido pelo Almirantado britânico por um relógio para medir o tempo no mar e suficientemente preciso para permitir a determinação da longitude. A vida de Harrison foi devotada ao problema do cronômetro marítimo: um bom exemplo da combinação dos interesses mercantis, estritamente científicos e tecnológicos desse período. Museu Nacional Marítimo, Londres.

À esquerda. William Herschel, várias vezes tido como o maior astrônomo dedicado à observação da história, de um retrato pintado por L. F. Abbott em 1785. Galeria Nacional de Retratos, Londres.

Abaixo. Gravura do gigantesco telescópio de espelho de Herschel, construído na década de 1780, com abertura de 1,2 metro e distância focal de não menos que 12 metros.

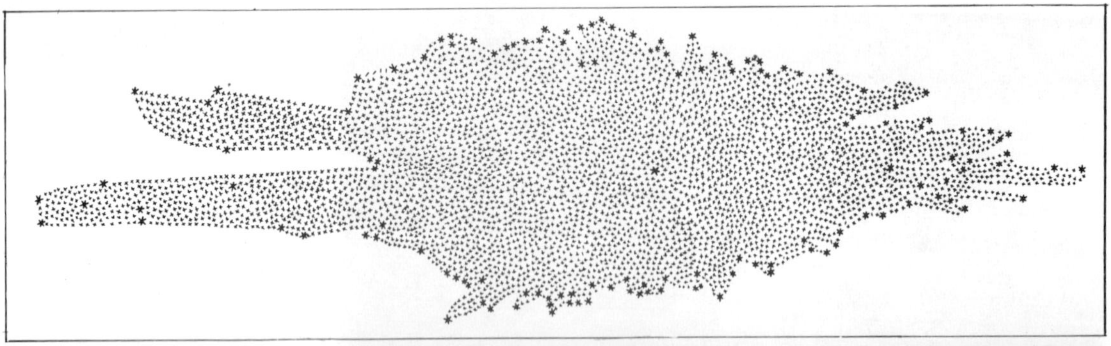

Acima. Concepção de Herschel do sistema de estrelas; a maior estrela, próximo do centro, deve ser o Sol. De seu documento "Sobre a construção do céu", publicado em 1785.

À direita. Visita de Luís XIV da França à Académie des Sciences, fundada em 1666. O Observatório de Paris pode ser visto através da janela. O equipamento científico demonstra os vários tipos de ciência estudados nas antigas academias.

Extrema esquerda. Gottfried Wilhelm Leibniz (1646-1716), o filósofo, psicólogo e matemático que desenvolveu o cálculo. Gravura de A. Scheits, 1695.

À esquerda. Blaise Pascal (1623-1662), que, além de seus escritos matemáticos e religiosos, demonstrou as variações da pressão atmosférica.

À esquerda. Frontispício da *História da Royal Society de Londres para o desenvolvimento do conhecimento natural,* de Thomas Sprat, 1667. À esquerda do busto do fundador, Carlos II, está seu primeiro presidente, e à direita, Francis Bacon (1561-1626), cujos trabalhos estimularam a formação da entidade.

À direita. Manuscrito de cerca de 1672, contendo um esboço da experiência de Newton para mostrar não somente que a luz branca (chegando em S, à esquerda) é dispersa, em suas cores distintas, por um prisma, mas também que essas cores podem ser recombinadas usando-se um segundo prisma, invertido. Royal Society, Londres.

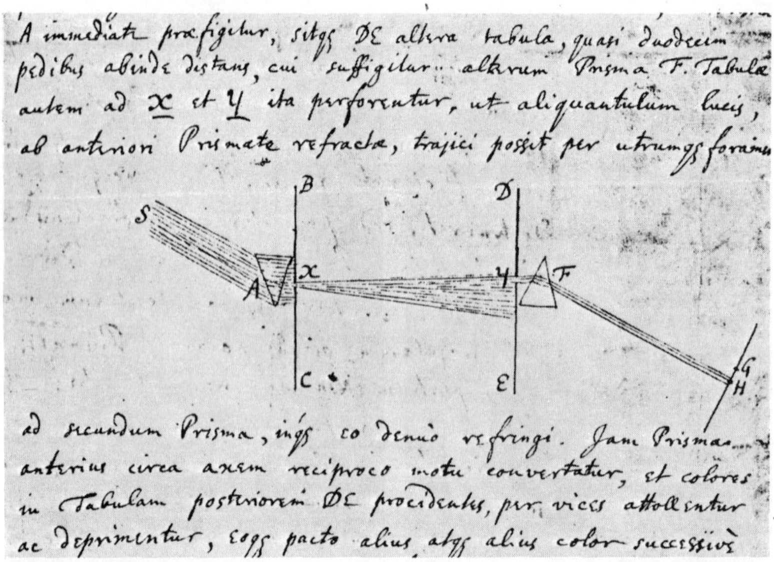
A immediate praefigitur, sitque DE altera tabula, quasi duodecim pedibus abinde distans, cui suffigitur alterum Prisma F. Tabulae autem ad x et y ita perforentur, ut aliquantulum lucis, ab anteriori Prismate refractae, trajici possit per utrumque foramen
ad secundum Prisma, inque eo denuo refringi. Jam Prisma anterius circa axem reciproco motu convertatur, et colores in Tabulam posteriorem DE procidentes, per vices attollentur ac deprimentur, eoque pacto alius atque alius color successive

À direita. Xilogravura da perfuração de um canhão. O calor produzido por esse trabalho levou à convicção de que o calor podia ser gerado continuamente e estimulou a pesquisa sobre o assunto no século XVII. *De la pirotechnia,* de Vannoccio Biringuccio, 1540.

À direita. Desenho de James Watt (1736-1819) de um motor a vapor, 1769. A aplicação do estudo teórico do calor à maquinaria prática foi de vital importância histórica.

não conseguiu, porém, encontrar sua prova, mas prometeu escrever sobre ela e enviá-la a Halley. Foi o que fez algum tempo depois, e Halley recebeu o que era virtualmente um pequeno tratado sobre o assunto. Felizmente, ele logo percebeu o imenso significado desse trabalho e pressionou Newton a escrever um livro completo sobre toda a questão do movimento, dizendo-lhe que a Royal Society — equivalente britânica das academias italianas — publicaria o livro. Na ocasião, as finanças da Royal Society não estavam em condições de cumprir a tarefa, e Halley, cujo pai tinha sido um próspero comerciante, pagou a publicação do próprio bolso, assim como tomou a responsabilidade de acompanhar o trabalho de impressão. No entanto, enquanto Newton estava ocupado escrevendo o livro, Hooke resmungou que lhe deviam dar crédito por ter descoberto a lei de atração do inverso do quadrado e que fora ele que dera a Newton o dado básico. Era um exagero, e Newton nada tinha a ver com isso; entretanto, recusou-se a escrever mais uma palavra que fosse, e foram necessários toda a diplomacia e tato de Halley para fazer Newton pegar na pena outra vez. Por fim, em 1687, o livro estava não só completo, como impresso, aparecendo sob o título de *Philosophiae naturalis principia mathematica* ("Os princípios matemáticos da filosofia natural"), usualmente conhecido como *Principia.*

Os *Principia* eram uma obra-prima; foi considerado o maior livro científico de todos os tempos. Seu impacto foi imenso. Mas talvez isso fosse apenas o que se devesse esperar, pois, em um único volume, Newton reescrevera toda a ciência dos corpos em movimento com uma incrível precisão matemática. Ele completou o que os físicos do fim da Idade Média haviam começado e Galileu tentara trazer à realidade; suas três "leis do movimento" formam a base de todo o trabalho posterior. Newton tinha também resolvido um problema astronômico de 2 000 anos — o do movimento dos planetas no espaço. Com uma análise matemática que era assombrosa em perfeição, mostrou como uma lei do inverso do quadrado resultava em um movimento em elipse e forçava os planetas a obedecer às leis que Kepler tinha deduzido com tanto esmero a partir das observações de Tycho.

Ilustração à página 92

No entanto, essas duas assombrosas realizações não eram tudo o que os *Principia* continham. A força de atração que atuava a partir do Sol não era o magnetismo, mas sim a gravitação, e Newton deu o grande passo ao identificar essa atração, que atuava no espaço como a da Terra em relação à Lua e a de todos os outros corpos em sua superfície. Em outras palavras, ele propôs o poderoso conceito da atração universal, segundo o qual cada corpo do universo atrai todos os outros, mantendo, assim, todo o universo sob uma lei básica. Não havia mais um conjunto de leis que regia o comportamento dos corpos celestes e outro que governava os terrestres: a física era universal.

Dificilmente se poderia imaginar que não tivesse havido algumas objeções à teoria de Newton, mais especialmente por parte dos franceses, que ainda estavam impregnados das idéias de Descartes e queriam conhecer a natureza precisa da gravidade. Essa era uma questão a que Newton não podia responder; quando lhe perguntavam se era alguma propriedade inerente aos objetos físicos, ele respondia: "Por favor, não me atribuam esta noção". Tudo o que podia dizer era que a gravidade era uma força que atuava de acordo com a relação inversa do quadrado; que isso, por si só, era suficiente para explicar todos os movimentos celestes, e ele não estava preparado para ir mais adiante. A crítica francesa de que isso era perigosamente semelhante a uma atitude medieval e, portanto, não podia ser considerado científica, não era totalmente infundada. Na verdade, não foi senão no século XVIII, quando Voltaire escreveu seus *Elementos da filosofia de Isaac Newton* (1738), que uma exposição geral das idéias newtonianas se tornou acessível em francês, e esse livro, juntamente com os esforços do matemático e físico Pierre-Louis de Maupertuis, mudou com a atitude geral na França.

Os *Principia* de Newton encerraram de um modo tão completo um período da astronomia que os pensadores subseqüentes tenderam mais a consolidar as realizações que ele obtivera. Halley, por exemplo, aplicou a matemática do movimento e da atração newtonianos aos cometas. Percebeu que os aparecimentos de cometas em 1531 e 1607 pareciam ter alguma ligação com o cometa de 1682; presumiu que eram um só e mesmo corpo e calculou seu regresso para dezembro de 1758, usando a lei da atração universal para calcular o retardo que seria causado por Júpiter. De fato, ele reapareceu como fora previsto, embora alguns dias depois (o efeito de Júpiter foi um pouco maior do que o imaginado por Halley), e o "cometa Halley" marcou o primeiro triunfo da teoria de Newton. Mais tarde, outros astrônomos matemáticos aplicariam a teoria para verificar, com detalhes, os efeitos ou "perturbações" mútuas dos planetas, e foi nesse campo que vários matemáticos fizeram grandes avanços, sendo os mais notáveis os suíços Leonhard Euler e Alexis Clairaut, e os franceses Jean d'Alembert, Joseph Lagrange e Pierre Laplace.

Sobre registros do cometa Halley na China, ver volume II, páginas 39-40.

Edmond Halley, é verdade, tentou realmente ampliar a astronomia de outras maneiras. Por exemplo, notou que as estrelas não permaneciam fixas em uma posição, como era universalmente aceito; suas próprias observações, comparadas com as feitas nos tempos dos gregos, mostravam discrepâncias tais que devia haver, claramente, um fator de influência até então negligenciado. Corretamente, Halley identificou como causa uma real mudança nas posições das estrelas. Também estudou o que viria a ser chamado, mais tarde, de "nebulosas" — brilhantes manchas de nuvens no céu estrelado, visíveis somente com telescópio —, e também o motivo pelo qual, se existe um infinito universo de estrelas, o céu é, mesmo assim, escuro à noite (questão que, em nossos dias, veio a se chamar "paradoxo de Olbers"). Os esforços pioneiros de Halley no campo da astronomia estelar não foram acompanhados por outros astrônomos da época; somente na segunda metade do século XVIII é que a astronomia estelar passou a ser objeto de preocupação, e o assunto realmente só

Sobre o projeto de Newton de um telescópio de reflexão, ver página 114.

ganhou projeção nos séculos XIX e XX. Muitos ficavam satisfeitos em olhar o sistema solar e vangloriar-se com as precisas aplicações da atração universal.

Os *Principia* foram o ponto culminante da astronomia, mas, naturalmente, não teriam sido possíveis sem as precisas medidas de Tycho Brahe e seus sucessores. Quando o telescópio surgiu, propiciou um padrão ainda mais alto de precisão nas observações, embora nem todos os astrônomos reconhecessem seu potencial a esse respeito. Na verdade, Hooke, que acreditava na superioridade do telescópio mas era um homem sem tato, quase causou um incidente internacional ao criticar severamente Johannes Hevel, de Dantzig (atual Gdansk), porque este ainda media posições celestes usando observações a olho nu ao invés de telescópios. Hevel — ou Hevelius, como é mais conhecido — era um rico cervejeiro de Dantzig e conhecido pelas suas observações, com o auxílio do telescópio, da Lua, dos planetas e dos cometas, embora ainda acreditasse que poderia obter resultados suficientemente precisos sem esse instrumento. Só a intervenção da Royal Society e a visita diplomática do "agradável sr. Halley" a Dantzig, onde este fez observações com as miras abertas de Hevelius e o encheu de elogios por sua precisão, é que desarmaram a situação. Mas Hooke estava certo, e em Greenwich e Paris, onde se faziam observações das posições dos corpos celestes cada vez mais precisas, o telescópio era sempre utilizado.

Ilustração à página 92

Esses dois observatórios, os primeiros de sua espécie no Ocidente, foram montados quase ao mesmo tempo, o de Paris foi completado em 1671 e o de Greenwich, em 1676. O observatório francês era dirigido por um dinâmico italiano, Giovanni Cassini, cujo filho e dois netos o sucederam, e Greenwich, pelo taciturno John Flamsteed, o primeiro astrônomo real, observador meticuloso e infatigável. Foi Flamsteed quem forneceu a Newton algumas provas dos movimentos da Lua para auxiliar em seus *Principia* e no trabalho posterior de Newton sobre a teoria lunar, mas, como ele era contrário à publicação de suas observações até que elas fossem totalmente confirmadas, os dois se separaram. Como presidente da Royal Society, Newton fez com que as observações de Flamsteed, que estavam depositadas com ele em segurança, fossem publicadas, sob a supervisão de Halley. Nessa ocasião, Halley e Flamsteed cultivavam uma inimizade havia longo tempo, devido às bebedeiras de Halley com Pedro, o Grande, da Rússia (que viera a Londres para estudar os métodos ingleses de construção de navios e também para obter, em primeira mão, conhecimentos sobre o novo movimento científico), embora a causa tenha sido, mais provavelmente, a crítica de Halley a alguns resultados das observações de Flamsteed.

O estabelecimento dos dois observatórios, em Paris e em Greenwich, não foi imaginado por motivos de pura pesquisa, mas para possibilitar observações celestes que permitissem aos marinheiros encontrar sua longitude no mar. A idéia era usar o movimento da Lua em relação ao pano de fundo das estrelas como um gigantesco relógio lunar, com o qual se determinaria a hora "em casa"; essa hora podia, então, ser comparada com a "hora local" obtida no mar pela observação do Sol, e a diferença entre as duas seria a longitude. Para que o método funcionasse satisfatoriamente, eram necessárias observações celestes bem precisas e, apesar do infatigável trabalho de Flamsteed, de Halley (seu sucessor como astrônomo real) e dos que se seguiram, foi somente em 1767, ao tempo do quinto astrônomo real, Nevil Maskelyne, que as tabelas requisitadas pelos marinheiros chegaram a ser suficientemente satisfatórias para serem publicadas. Mas nessa época, John Harrison, um inglês fabricante de relógios, fizera o primeiro cronômetro bem-sucedido para uso no mar. Esse era, obviamente, um método mais direto — para saber a hora "em casa" bastava olhar o cronômetro —, embora, por segurança, ambos os métodos continuassem em uso até tempos bem recentes.

Ilustração à página 94

Os observatórios representaram apenas um aspecto da procura de maior precisão em medidas astronômicas. Durante o século XVIII, dois empreendimentos dessa espécie particularmente notáveis foram levados a cabo: um referente à distância em relação ao Sol, o outro, ao movimento da Terra. À luz da lei de Kepler relativa às distâncias dos planetas e de seus períodos orbitais, a medida da distância da Terra ao Sol era fundamental, pois, uma vez determinada, todo o restante das distâncias planetárias dentro do sistema solar poderia ser rapidamente calculado. Foi Halley quem lançou a idéia de que a maneira mais satisfatória de medir a distância básica, essa "unidade astronômica", como passou a ser chamada, era medir os tempos de passagem do planeta Vênus à frente do disco do Sol a partir de diferentes pontos da superfície da Terra. Tais medidas de tempo forneceriam a distância da Terra a Vênus e, daí, poderia se calcular a unidade astronômica. O método era excelente e preciso; o único problema era que tais passagens eram raras, ocorriam em duas vezes num intervalo de oito anos, seguido de um espaço de uma centena de anos. Não obstante, embora Halley tenha morrido em 1742 e as passagens seguintes não tenham ocorrido senão em 1761 e 1769, sua reputação e apoio haviam sido tais que se promoveram expedições internacionais, cujos resultados foram, sem dúvida, superiores em precisão, e por grande margem, a tudo o que fora obtido até então, dando uma distância de 152 855 000 quilômetros. Uma análise posterior e aperfeiçoada forneceu 149 637 000 quilômetros, próximo, de fato, do número atual: 149 597 870 quilômetros.

A medida do movimento da Terra foi o subproduto de uma infeliz tentativa de medir as distâncias das estrelas mais próximas. Assim que o telescópio foi reconhecido como um aparelho que poderia proporcionar grande precisão, várias pessoas, inclusive Robert Hooke e John Flamsteed, na Inglaterra, e Giovanni Cassini, na França, tentaram fazer medições para detectar o movimento aparente das estrelas mais próximas. Todos falharam; sabemos hoje que os ângulos que estavam medindo eram ainda muito pequenos para o seu aparelho. Em 1725, James Bradley, professor de astronomia de Oxford, e Samuel Molyneux, um perspicaz astrônomo amador, começaram a fazer suas próprias tentativas, usando técnicas mais sofisticadas. Eles também falharam, embora tenham tido sucesso em medir um movimento que, no fim, mostrou ser causado por uma combinação do tempo dispendido pela luz da estrela para atravessar o tubo do telescópio com o desvio lateral do tubo devido ao movimento orbital da Terra. Desse modo, finalmente, em 1729, havia uma prova definitiva de que a Terra realmente se movia no espaço, a comprovação, pela observação, do conceito básico copernicano. Com isso, e com a teoria de Newton da atração universal, a gigantesca revolução do conceito humano do universo, iniciada quase dois séculos antes, estava agora completa. Mas ainda podiam ser feitas novas descobertas, como foi mostrado por William Herschel.

Ilustração à página 95

Herschel nasceu em Hanôver, em 1738, de uma família de músicos, sendo seu pai o maestro da banda da Infantaria de Guarda daquela cidade. A atmosfera familiar encorajava o estudo, e assim Herschel se viu livre para se entregar a uma ampla gama de interesses. Com a idade de quinze anos, entrou para a banda da Infantaria de Guarda, mas a vida militar, mesmo a de um músico de banda, não era o forte de Herschel. Em 1757, emigrou com um irmão mais velho para a Inglaterra, país que visitara com seu regimento no ano anterior. Lá dedicou-se à sua profissão, era músico, primeiro em Londres e mais tarde nos condados, onde havia oportunidades em sua área. No fim de 1766, mudou-se para Bath, que era um centro elegante e acenava com grandes promessas para uma carreira musical. Herschel saiu-se bem e ganhou o suficiente para lhe permitir voltar a Hanôver em férias; ao regressar, trouxe consigo a irmã Caroline, que tencionava seguir carreira como cantora, mas acabou tornando-se ajudante do irmão em seus trabalhos sobre astronomia, e ela própria, uma astrônoma competente. O interesse astronômico de Herschel apareceu fortuitamente; ele leu um livro intitulado *Harmonia, ou a filosofia dos sons musicais,* de Robert Smith, professor de astronomia e filosofia experimental de Cambridge, e ficou tão entusiasmado com ele que imediatamente leu o *Completo sistema de óptica,* do mesmo autor. Este continha descrições sobre o que poderia ser visto através de um telescópio e inflamou a imaginação de Herschel. O jovem leu outros livros de astronomia e começou a fazer observações, mas ficou tão desapontado com a qualidade dos telescópios disponíveis que resolveu fazer seus próprios instrumentos. Acontece que Herschel apreciava os espelhos bem-moldados, e os telescópios de reflexão que começou a construir eram de qualidade superior a qualquer telescópio produzido por fabricantes profissionais.

Tão logo dispôs de instrumentos apropriados, Herschel começou a catalogar o céu, anotando tudo de maneira bastante metódica. Em 1781, durante um desses exames, notou "uma curiosa estrela nebulosa ou talvez um cometa" (muitos cometas, quando observados através de telescópio pela primeira vez, não têm cauda, de modo que a afirmação não era uma adivinhação precipitada), observou seus movimentos contra o fundo de estrelas mais distantes. A análise posterior de suas observações e as de outros mostraram que o objeto era um planeta, o primeiro planeta a ser descoberto em tempos históricos, de vez que o restante dos planetas já era conhecido desde épocas imemoriais. A descoberta foi amplamente aclamada, embora o nome que Herschel deu ao planeta — ele escolheu Georgium Sidus (Estrela de George), em homenagem a Jorge III da Inglaterra — não obtivesse acolhida internacional, sendo escolhido o nome clássico de Urano, desprovido de conotação política.

Agora Herschel era famoso e não demorou a receber uma pensão real, ficando livre para se devotar inteiramente à astronomia, interesse que gradualmente vinha superando suas obrigações para com a música. Mudou-se para Slough, onde estaria mais perto de Windsor — sua pensão exigia que mostrasse o céu a membros da família real —, e foi lá que persuadiu o rei a financiar a construção de um telescópio gigantesco e dar uma pensão à sua irmã, que trabalharia como assistente, no que constituiu o primeiro apoio do governo britânico à pesquisa científica pura. O instrumento era um refletor com abertura de pelo menos 1,2 metro, mas era desajeitado — na década de 1780, ainda não se desenvolvera a engenharia mecânica em alta escala — e, nessa circunstância, Herschel fez a maior parte de suas observações com um telescópio menor, com um espelho de 47 centímetros de diâmetro e a metade do comprimento do telescópio maior. Apesar disso, o "40 pés" realmente auxiliou Herschel em alguns aspectos de seu trabalho, e decerto aumentou sua reputação, pois era, sem dúvida, o maior telescópio do mundo. Herschel foi o primeiro a perceber as vantagens dos telescópios de grande abertura, pois eles permitem visualizar objetos menos brilhantes.

Ilustração à página 95

O programa de observação de Herschel era prodigioso; ele era um homem de grande resistência física e imensa perseverança, e algumas vezes fez observações sob as condições mais desconfortáveis. Fez um constante levantamento do céu nos trinta anos entre 1778 e 1808, e alcançou resultados importantes. A busca de uma alteração de posição de estrelas mais próximas, uma alteração "paraláxica" para permitir determinação das distâncias estelares falhou, mas convenceu-o de que algumas estrelas formam sistemas binários, uma orbitando em torno da outra. Estudos detalhados desses astros mostraram que eles orbitavam de acordo com as leis de atração universal de Newton, e assim provaram a existência de atração nas profundezas do espaço interestelar.

O mapeamento do céu realizado por Herschel e particularmente seus "gabaritos" utilizados para a contagem de estrelas em várias áreas do céu levaram-no a duas importantes conclusões. Por um lado, uma análise estatística simplificada de seus resultados levou-o a apresentar uma prova de que o Sol se movia no espaço e a determinar o ponto do céu para o qual ele parecia estar se movendo. O resultado — que concorda, de modo geral, com as estimativas modernas — foi de certo modo fortuito, de vez que Herschel contava com relativamente poucas estrelas para basear seus cálculos (só podiam ser usadas aquelas que pareciam ter mudado de posição ao longo dos anos), mas sua disposição de enfrentar um problema desse tipo abriu novas possibilidades. A outra importante conclusão de Herschel foi

Ilustração à página 96

que as estrelas não se distribuíam uniformemente no espaço, mas obedeciam a um arranjo de forma alongada, com o Sol e seus planetas próximo ao centro. Essa era uma concepção extremamente nova, e sua confirmação residia no futuro, já que o equipamento disponível a outros astrônomos não era suficientemente poderoso para que estes verificassem os resultados de Herschel.

Ilustração à página 96

Os mapas celestes de Herschel também revelaram grande número de manchas difusas de luz, ou nebulosas (do latim *nebula,* "nuvem"). Mas ele não foi o primeiro a observá-las; o astrônomo francês Charles Messier havia catalogado 104 delas, embora sua finalidade consistisse apenas em registrá-las, pois sua presença poderia confundi-las com cometas nos estágios iniciais de sua aproximação do Sol. No entanto, Herschel catalogou não uma centena, mas cerca de 2 500 exemplos nos céus do hemisfério norte, o que revela a meticulosidade do seu método de trabalho. Suas observações, porém, levantaram uma questão básica. Quando Herschel passou a usar telescópios de maior abertura, notou que algumas dessas manchas difusas podiam ser vistas como estrelas distintas; a questão que surgiu foi se eram realmente nuvens ou se, talvez, instrumentos maiores viriam permitir que todas as nebulosas passassem a ser vistas como estrelas distintas. A própria experiência de Herschel com o gigantesco telescópio de 40 pés (12,19 m) deixou a questão em aberto.

Sobre as investigações posteriores a respeito das nebulosas, ver volume IV, capítulo 9, "Astronomia", e capítulo 10, "Astronomia no século XX".

Desenvolvimento da matemática

As façanhas de Newton publicadas nos *Principia* foram possíveis graças ao aperfeiçoamento do cálculo, embora o livro propriamente dito tenha sido escrito em termos geométricos. Isso porque os métodos geométricos eram, então, os únicos com que os matemáticos estavam mais familiarizados, e o livro já era bastante difícil sem a introdução do obstáculo que constituiria uma técnica matemática inteiramente nova. No entanto, sem cálculo — sua técnica de "fluxões", como os chamava —, Newton nunca poderia ter alcançado aqueles resultados. Ele não era o único a se dedicar ao aperfeiçoamento de uma técnica dessa natureza; o matemático alemão Gottfried Leibniz criara um método equivalente, e, na verdade, ele e Newton estiveram envolvidos numa longa disputa sobre plágio, embora saibamos hoje que ambos chegaram a conclusões semelhantes de forma completamente independente. Isso não quer dizer que suas idéias tenham saído inteiramente do nada; de alguma forma, estavam seguindo seu desenvolvimento, para o qual certo número de matemáticos já havia contribuído.

Ilustração à página 97

Um deles foi Kepler, que, ao se casar pela segunda vez, construiu uma adega e decidiu calcular o volume de seus barris. Imaginou que cada barril fosse composto por um grande número de seções circulares bem estreitas, cuja área ele calculou e somou; intrigado com o método, empregou-o para calcular outras formas de área, e publicou um pequeno tratado sobre essa matéria. Esse sistema, que empregava cálculos de pequenas seções, adição de grandezas infinitamente pequenas, foi um conceito fundamental para a formulação da técnica de Leibniz-Newton. Também Bonaventura Cavalieri, de Bolonha, contemporâneo de Kepler, propôs um "método de indivisíveis", pelo qual uma figura plana podia ser dividida em um número infinito de linhas. Esse princípio foi útil para o cálculo de áreas sob curvas e abriu caminho para se chegar àquilo que, por longo tempo, ficou conhecido como "cálculo integral", embora tivesse sido fortemente criticado por alguns matemáticos, pois uma linha é definida como tendo comprimento, mas não largura, e, portanto, nenhum conjunto de linhas poderia preencher uma figura ou área curva. No entanto, Giles Roberval, em Paris, escreveu sobre o assunto e usou a técnica de encontrar as áreas sob algumas curvas com tal sucesso que o método de Cavalieri se tornou amplamente aceito. O método de traçar tangentes às curvas, de Isaac Barrow, e um estudo de John Wallis das próprias curvas também ajudaram a difundir essas idéias.

Sobre o uso da mesma idéia por Eudóxio, ver volume I, página 106.

O aperfeiçoamento do cálculo como instrumento de ampla aplicação a todos os tipos de problema, com o emprego de métodos algébricos, deveu-se à "geometria analítica" (geometria algébrica) de René Descartes e Pierre Fermat. Em sua *Geometria,* publicada pela primeira vez como apêndice ao *Discurso do método* (1637), Descartes apresentou um método de notação de pontos e linhas através de números ou, algebricamente, por intermédio de letras. O método é semelhante ao utilizado em mapas: uma rede de linhas perpendiculares, com letras e números servindo de referência para a localização de determinado ponto geográfico. Descartes descobriu que, com o emprego dessa técnica, podia-se expressar uma linha ou uma curva em forma de equação algébrica. Seu contemporâneo mais jovem, Pierre Fermat, que fizera experiências independentes no sentido de aplicar a álgebra a problemas geométricos, também teve a idéia de representar uma curva através de uma equação. Decidiu, então, aperfeiçoar essa técnica, e foi o primeiro a descobrir um método de resolução de problemas de máximo e mínimo, isto é, encontrar o maior e o menor valor que pode tomar uma quantidade variável e expressá-los através de uma equação. Essa descoberta também deveria exercer considerável influência no desenvolvimento de métodos mais gerais do cálculo, que passava a incorporar problemas de máximo e mínimo, áreas sob curvas, grandezas infinitesimais e a taxa de mudança de variáveis de todas as espécies.

O desenvolvimento da técnica do cálculo por Leibniz e Newton, inicialmente demonstrada de modo tão eficaz por Newton ao solucionar o problema do movimento planetário, apresenta um interessante complemento. A fim de indicar o fato de estar considerando a taxa de mudança de uma variável — a quantidade x, por exemplo —, Newton escreveu o x com um ponto sobre ele, assim: Por outro lado, Leibniz usaria dx/dt para expressar a mesma situação. Ora, x não indica o que está acontecendo, enquanto dx o faz. O par de letras dx significa um incremento infinitesimal de x, enquanto o par dt indica um incremento infinitesimal de tempo; assim, a expressão

dx/dt indica claramente que há incrementos infinitesimais de x considerados em relação a incrementos infinitesimais de tempo t; em outras palavras, temos uma taxa de variação de x em relação ao tempo. A diferença pode parecer insignificante, e de certa forma o é, mas, quando se depara com equações mais complexas, as vantagens de um estilo mais descritivo se tornam crescentemente significativas. Os britânicos, em respeito ao grande Newton — ele foi enterrado na Abadia de Westminster e há em seu túmulo o epitáfio escrito por Alexander Pope:

"A Natureza e as leis da Natureza estão ocultas na noite,
Deus disse: deixe Newton ser, e tudo foi luz"

—, mantiveram sua notação, mas os matemáticos do continente europeu adotaram o método de Leibniz. Um fato significativo é que na Grã-Bretanha o cálculo manteve-se praticamente estacionário, enquanto na Europa, onde, no século XVIII, trabalhavam Leonhard Euler, Joseph Lagrange e Pierre Laplace, o cálculo ganhou um grande impulso. De fato, a evolução foi tão grande, que, na segunda década do século XIX, John Herschel (filho do famoso astrônomo William Herschel) formou na Universidade de Cambridge uma sociedade com o objetivo de impor a notação de Leibniz na Grã-Bretanha.

Ainda que muito importante, o cálculo não foi a única inovação matemática dos séculos XVII e XVIII. Houve, por exemplo, a introdução dos logaritmos e o desenvolvimento de uma matemática destinada a lidar com o cálculo das probabilidades. Os logaritmos são, em certo sentido, uma criação do século XVI, já que os homens a eles ligados — o escocês John Napier e o inglês Henry Briggs — nasceram, respectivamente, em 1550 e 1561. Não obstante, o método de Napier de multiplicar números por um processo de adição (isto é, somando seus "logaritmos") e de encontrar raízes pela divisão de um logaritmo pelo número da raiz só apareceu em 1614 *(Descrição da maravilhosa regra logarítmica)*; ademais, o posterior desenvolvimento do sistema por Briggs, em conjunto com Napier, e seu lançamento na *Aritmética logarítmica* (1624) fez com que esse valioso auxílio para a evolução do cálculo só se tornasse disponível aos matemáticos na segunda e terceira décadas do século XVII. No entanto, a medida da eficiência do sistema está no fato de ter sido usado na maioria dos processos aritméticos (multiplicação, divisão, cálculo de potências e raízes) e na trigonometria até os dias de hoje. Ele só começou a perder prestígio a partir da invenção das calculadoras eletrônicas de bolso.

Foi Blaise Pascal (1623-1662), que passou a maior parte da vida em Paris, o responsável pelo lançamento dos fundamentos de uma matemática destinada a lidar com cálculos de probabilidades. Homem de múltiplos talentos, a ele devemos as leis da pressão atmosférica e do equilíbrio dos líquidos; além disso, dedicou-se à filosofia religiosa. De fato, foi sua preocupação com a religião — a qual viria a ocupar todo o seu tempo — que o pôs em contato com discussões *Ilustração à página 97*

Sobre o triângulo de Pascal na matemática chinesa, ver volume II, página 34.

sobre possibilidades e acontecimentos da vida de um indivíduo e da comunidade. Pierre Fermat já havia incursionado pelo campo das probabilidades ao tentar calcular o número de vezes que uma determinada face do dado ficaria voltada para cima num determinado número de lançamentos, mas Pascal retomou seu trabalho e desenvolveu o que, desde então, se tornou conhecido como "cálculo das probabilidades", uma técnica extremamente útil para a solução de problemas científicos, bem como para o cálculo dos resultados de jogos de azar. Foi Pascal também quem fez um amplo estudo do binômio de Newton e do triângulo de Pascal.

Outra contribuição original no campo da matemática no século XVII foi fornecida pelo arquiteto Girard Desargues, que em 1639 lançou os fundamentos da "geometria projetiva" (o estudo das figuras geométricas quando desenhadas a partir de vários pontos de vista). Esse assunto, contudo, não despertou interesse na maioria dos matemáticos da época, a não ser em alguns poucos, entre eles Pascal, e só voltou a ser debatido no século XIX. E, certamente, tanto a matemática do século XVII quanto a do século XVIII foram privilegiadas com as contribuições de membros da família Bernoulli, cujas vidas e trabalhos abarcaram o período que vai de cerca de 1650 a 1780. O trabalho deles ocupou-se do aperfeiçoamento do cálculo de Leibniz e sua aplicação a um grande número de problemas de engenharia e astronomia. Juntamente com seu compatriota Leonhard Euler (1707-1782), que finalmente libertou o cálculo da geometria e tratou a trigonometria como parte da álgebra, Pierre Laplace (1749-1827), cujo famoso *Mecânica celeste* tornou-se, pois, um compêndio da aplicação da lei da atração à astronomia, e Joseph Lagrange (1736-1813) introduziram uma forma avançada de álgebra, a "análise superior", que, empregando não apenas o cálculo, mas também técnicas de lidar com variações periódicas, tais como as encontradas em astronomia, e métodos de cálculo das probabilidades, deveria fornecer aos cientistas do século XIX inúmeros e poderosos "instrumentos". Em suma, eles consolidaram o que Galileu e Newton haviam iniciado e apuseram o selo da matematização a todos os ramos da ciência física. Era também uma técnica que, nas mãos de matemáticos puros, deveria gerar novas idéias, as quais não obstante, seriam mais tarde consideradas úteis para descrever o mundo real.

Academias científicas

Um novo fator que emergiu durante os séculos XVII e XVIII foi o crescente interesse do Estado pela ciência. A fundação dos observatórios de Greenwich e de Paris reflete esse interesse, embora seus construtores tivessem focalizado sua finalidade na ajuda à navegação e ao comércio ultramarino. Entretanto, houve outra faceta: a fundação de academias científicas em alguns países. No final do século XVI, na Itália, como vimos (capítulo 7), havia uma série de academias de eruditos em Nápoles, uma das quais, pelo menos, era devotada à ciência, e havia também a Academia do Lincei, em Florença. A mais famosa, porém, foi a Accademia del Cimento (Academia de Experiências), criada em 1657 por dois discípulos de Galileu, Vincenzo Viviani e Evangelista Torricelli. Auxiliados por dois membros da família Medici, que assumiram um papel ativo no seu desenvolvimento, seus membros levaram a efeito uma vasta gama de experiências em biologia e física, mas, quando um dos Medici se tornou cardeal, em 1667, a academia foi fechada. Não obstante, sobreviveu por tempo suficiente para publicar um útil relato de seu trabalho.

ACADEMIAS CIENTÍFICAS

Na Inglaterra, as coisas ocorreram de forma bem diferente. Em Londres, no ano de 1596, Sir Thomas Gresham, rico mercador e conselheiro financeiro da rainha Elizabeth I, instituiu o Gresham College em Londres. Foi uma ação arrojada; naquela época, as únicas universidades inglesas eram a de Oxford e a de Cambridge, e o vice-reitor e o conselho deliberativo desta última escreveram a Gresham mostrando que, embora achassem que Londres, Oxford ou Cambridge eram os únicos lugares apropriados para tal faculdade, esperavam que, como uma pessoa "educada em Cambridge", ele não fosse "escolher Oxford". A idéia de Gresham era que sua faculdade abrigasse sete professores residentes, que fariam conferências públicas tanto em inglês quanto em latim, devendo algumas delas tratar de matérias científicas práticas, não constantes, então, de nenhum currículo de qualquer universidade; talvez seja essa a razão de a escolha ter recaído em Londres ao invés de Oxford ou Cambridge. Então, 24 anos depois, quando o Gresham College se tornou importante, Francis Bacon, o lorde chanceler, propôs a nova ciência experimental em seu *Novum organum* ("Novo instrumento"). Seu objetivo visava mais à "assistência ao estado do homem" do que à aquisição de conhecimentos puros, e ele sugeriu a coleta de dados, o máximo possível, sobre cada assunto a ser investigado; esses dados deveriam ser classificados e, então, catalogados a fim de se identificar alguma característica ou propriedade ausente ou presente "em diferentes graus, mais ou menos". Uma análise dos resultados mostraria a natureza do fenômeno estudado. Mas, naturalmente, ninguém descobriu coisa alguma; era como se fosse uma "pesquisa por administração", e, evidentemente, um método criado por alguém sem nenhuma prática em ciência experimental. Mas o trabalho de Bacon não foi infrutífero; suas idéias estimularam a melhoria das condições humanas através da aplicação da ciência e a fundação de uma academia de cientistas publicadas no ano de 1627 em seu *Nova Atlântida.*

As idéias de Bacon e a fundação do Gresham College fizeram com que os interessados em ciência começassem a se reunir — primeiro em Londres, depois, durante a Guerra Civil, também em Oxford — e, com a restauração da monarquia, em 1660, congregaram-se novamente em Londres para fundar uma sociedade científica. Tendo patrocínio real, era conhecido como Royal Society of London for Improving Natural Knowledge (Real Sociedade de Londres para o Aperfeiçoamento do Conhecimento Natural), mais tarde abreviado

Ilustração à página 97

para The Royal Society. Ainda hoje a principal sociedade científica britânica, ela também, como a Accademia del Cimento, começou não só a discutir ciência como igualmente a publicar descobertas científicas, embora, no caso da Royal Society, seu jornal *Negócios Filosóficos* saísse em forma de órgão científico; este começou a ser publicado em 1665, como uma iniciativa particular do secretário da sociedade, William Oldenburg, embora tenha sido publicado, mais tarde, pela sociedade, como o é até hoje. Os *Negócios Filosóficos* e a própria sociedade deveriam fomentar a nova ciência experimental por todo o Reino Unido.

Da mesma forma que a Royal Society, a Académie des Sciences, na França, começou com reuniões informais de homens da ciência. Estes incluíam Descartes e Pascal, e costumavam, inicialmente, reunir-se na "cela do cientista" jesuíta Marin Mersenne, no Convento da Anunciação, em Paris; mais tarde, passaram a se encontrar nas grandes casas dos membros mais velhos do governo. Finalmente, o escritor e administrador Charles Perrault sugeriu a Jean-Baptiste Colbert, inspetor das Finanças de Luís XIV, que se estabelecesse uma academia regular. Destinada originariamente a incluir literatura e história, tanto quanto ciência, em sua primeira reunião, pouco antes do Natal de 1666, tornou-se exclusivamente devotada à ciência. Os membros da Académie des Sciences recebiam uma pensão real, assim como auxílio financeiro para suas pesquisas, e se reuniam duas vezes por semana numa sala da biblioteca real.

Ilustração à página 96

A Alemanha do século XVII não deixou de ter suas próprias academias científicas. A mais antiga foi uma sociedade de vida curta, em Rostock, fundada na década de 1620, embora a equivalente alemã da Royal Society ou da Académie des Sciences não tivesse aparecido antes de 1700. Trata-se da Academia de Ciências de Berlim e, como suas equivalentes inglesa e francesa, encorajou a ciência e a publicação de resultados científicos.

Física

Óptica

A física ganhou grande ímpeto durante os séculos XVII e XVIII e progrediu de modo considerável em alguns campos, notadamente na óptica, nas investigações da natureza do vácuo, nos estudos do calor e da eletricidade e no magnetismo. No que se refere à óptica, a invenção do telescópio já foi mencionada, mas nada foi dito sobre essa outra combinação de lentes, o microscópio. Hoje, acredita-se que o microscópio foi desenvolvido depois do telescópio, mas suas origens ainda são obscuras. A lente de aumento tornou-se conhecida, certamente, no século XIII, mas só no século XVII é que atingiu seu ponto culminante com as lentes pequenas como cristais cortadas e polidas pelo microscopista holandês Anton van Leeuwenhoek.

Ilustração à página 141

No entanto, embora os microscópios simples de Van Leeuwenhoek fossem eficientes, ampliações realmente significativas só poderiam ser obtidas com microscópios compostos, dotados de, no mínimo, duas lentes. Dizem que Galileu fez experiências com esse tipo de instrumento, e, em 1665, Robert Hooke publicou um admirável tratado, a *Micrografia,* que incluía não apenas a descrição de seu microscópio, como também descrições detalhadas dos objetos observados. Entretanto, o microscópio composto foi frustrado pela falha óptica da "aberração cromática", em razão da qual cada imagem era rodeada por orlas coloridas que tornavam difícil observar os detalhes. Só depois do princípio do século XIX é que seria possível superar totalmente esse efeito. Não obstante, o microscópio provaria seu valor imediatamente, como se tornará evidente quando começarmos a falar das ciências biológicas.

Ilustrações às páginas 138-139

Sobre o uso do microscópio em biologia, ver páginas 144-146.

Cientificamente, os avanços mais importantes no campo da óptica durante os séculos XVII e XVIII foram os referentes à refração da luz e às teorias sobre a sua própria natureza. De há muito já se sabia que as lentes refratavam a luz, modificando seu percurso original, mas não se tinha conhecimento da relação precisa entre o ângulo formado pelo feixe de luz incidente e o ângulo formado pelo raio refletido. Entretanto, por volta de 1621, Willibrord Snell (Snellius), de Leiden, descobriu essa relação, conhecida como a "lei do seno", pois usa os senos trigonométricos dos ângulos, embora tenha sido deixada a outros, notadamente Christiaan Huygens e René Descartes, a publicação desse importante resultado.

Se a lei de Snell expressava de modo simples mas exato o que acontecia quando a luz se propagava de um meio transparente (ar, água, vidro, etc.) para outro, a razão pela qual ela o fazia era muito mais difícil de se determinar. Com sua filosofia generalizada do mundo natural, podia-se esperar que Descartes tivesse alguma teoria sobre a luz e o motivo por que ela sofria refração; e certamente tinha. Ele acreditava que a luz era uma força causada por vibrações das partículas das quais ele julgava que todos os corpos eram feitos. Descartes sugeriu também que, embora a luz se propagasse a uma incrível velocidade através do meio transparente que permeava todo o espaço, ela passava mais vagarosamente por substâncias como a água, e ainda mais pelo ar, pois este era menos denso e assim transmitia as vibrações com menos eficiência. Hoje sabemos que esse ponto de vista é incorreto; quanto mais denso for o meio, mais lentamente a luz passará através dele, mas Descartes não foi o único a interpretar a idéia do ponto de vista das vibrações contíguas das partículas no interior dos corpos e chegar a uma resposta errada. Robert Hooke e Christiaan Huygens chegaram à mesma conclusão.

Christiaan Huygens, nascido em Haia no ano de 1626, de uma preeminente família holandesa, passou toda a vida nos Países Baixos, exceto por quinze anos, dos quais a maior parte passou em Paris como membro da Académie des Sciences. Hábil matemático e físico brilhante, ele e seu irmão Contantijn cortavam e poliam lentes, construíam seus próprios microscópios e telescópios, e resolveram o problema de Saturno, enfrentado por Galileu, durante o inverno de 1665-1666, quando descobriram os anéis e, incidentalmente, também um satélite do planeta. Christiaan também formulou a teoria do pêndulo composto, estudou a matemática dos movimentos oscilatórios e das cadeias ondulatórias e sustentou forte crença na existência de outros mundos habitados. Mas, sem dúvida, sua grande contribuição está na óptica e em sua teoria da luz.

Para uma antiga afirmação de que a luz não se propagava a uma velocidade infinita, ver volume I, página 82.

De acordo com Huygens, a luz é uma série de ondas de choque que se empurram através de uma substância invisível, o éter. Essas ondas se propagam muito depressa, mas não a uma velocidade infinita, como acreditavam os cientistas. Huygens foi levado a esse ponto de vista correto com respeito à velocidade da luz por um trabalho realizado pelo astrônomo dinamarquês Ole Römer. Em 1675, Römer verificou que, quando a Terra e Júpiter estavam em certas posições relativas de suas órbitas, os eclipses dos brilhantes satélites de Júpiter apareciam com atraso; esse atraso, descobriu ele, devia-se ao tempo extra que a luz levava para cruzar a órbita da Terra. Isso lhe deu o valor de 193 000 quilômetros por segundo para a velocidade da luz, pouco mais da metade do valor correto.

Sobre a sugestão dessa idéia por Al-Haytham, ver volume II, página 111.

As ondas de Huygens não tinham regularidade entre si e eram, pensava ele, emitidas por qualquer parte de um corpo luminoso. Ele concebeu a idéia de "pequenas ondas secundárias", com cada ponto à frente de uma de suas ondas de choque dando nascimento a outras ondas de choque, e assim por diante. Essas ondas secundárias eram usadas para explicar a reflexão e a refração. Mas, como as ondas eram irregulares, Huygens não pôde usá-las para explicar a cor, e foi forçado a abandonar a questão. A confirmação de que a luz era realmente um distúrbio ondular de alguma espécie foi retificada por experiências realizadas por Francisco Grimaldi, cujos resultados foram publicados postumamente em 1665. Grimaldi mostrou que as sombras não eram pronunciadas, mas exibiam rebordos coloridos; suas experiências, contudo, foram questionadas — Newton não pôde repetir todas elas com sucesso —, e o significado de sua descoberta teria que esperar longo tempo para ser reconhecido.

A teoria de Huygens das pequenas ondas secundárias esféricas de luz. A luz se propaga desde a fonte em forma de onda esférica e, a partir de cada ponto ao longo dessa linha, ondas secundárias são criadas, e assim por diante.

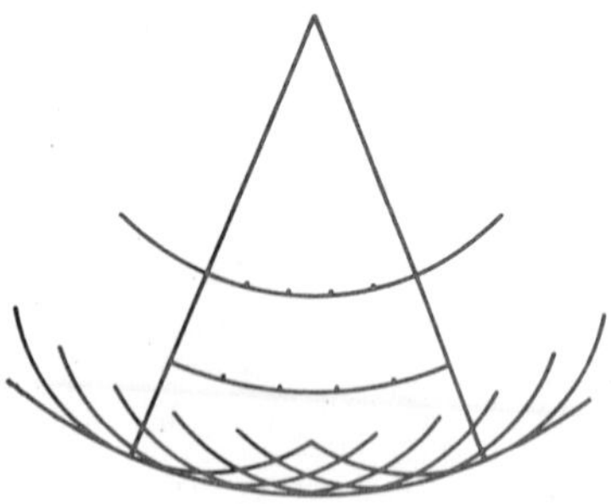

A teoria de Huygens sofreu algumas críticas muito severas, especialmente na Inglaterra. Ele declarara que as ondas luminosas se propagavam mais lentamente em um meio mais denso, e Halley questionou de onde viria o ímpeto para que elas voltassem à velocidade anterior ao entrarem em um meio de menor densidade, dúvida que parecia bastante válida na época, considerando-se o tipo de onda previsto por Huygens. Mais significativas, porém, foram as críticas de Newton, que queria saber por que — se a luz se propagava através de ondas de pressão — ela não se curvava em torno dos objetos. A luz se comporta desse modo, como Grimaldi havia mostrado, mas Newton presumia que os efeitos de Grimaldi se deviam simplesmente à refração. Newton questionou também por que a teoria de Huygens não podia explicar o fenômeno da "dupla refração" (pelo qual os cristais de uma substância como o espato-da-islândia, a calcita, dividem um feixe de luz em dois componentes distintos), descoberto por Erasmus Bartolinus. Essa talvez não tenha sido uma crítica delicada, pois a própria teoria de Newton também não explicava o fenômeno.

Segundo Newton, a luz era um fluxo de "corpúsculos", e ele se baseava no fato de a luz ser parcialmente refletida e parcialmente refratada (o efeito de "vitrine", em que não só vemos do outro lado do vidro, mas também nosso próprio reflexo) por um engenhoso sistema de "ajustes de fácil reflexão e ajustes de fácil refração" que suas partículas sofriam ao passarem de uma substância transparente para outra. Tais ajustes eram causados, pensava ele, pela vibração dos corpúsculos ao serem ejetados pela força emissora. Eram também as vibrações nas bordas dos objetos que faziam os corpúsculos apresentarem os efeitos de borda colorida que Grimaldi observara e Newton confirmara parcialmente em suas experiências. Se isso fosse tudo, a teoria de Newton poderia não ter exercido a imensa influência que exerceu, mas outros fatores também tiveram sua participação — notadamente sua teoria das cores e sua invenção do primeiro telescópio de reflexão. Pois Newton havia apresentado a primeira explicação realmente satisfatória sobre a cor; a "luz branca" (o tipo de luz irradiado pelo Sol) era, declarou, composta de uma mistura de luz de todas as cores. Ele provou essa afirmação através da famosa experiência em que usou um prisma de vidro para dividir um feixe de luz solar e um segundo prisma para recompor a banda colorida dispersa (o espectro) novamente em luz branca.

Ilustração à página 98

Newton desenvolveu o telescópio de reflexão baseado em suas experiências em dispersão da luz solar em suas cores componentes, pois delas tirou duas conclusões. Em primeiro lugar, descobriu que cada uma das diferentes cores é refratada em uma graduação diferente, o azul e o violeta de modo mais forte, e o vermelho, menos forte; é por isso que um prisma decompõe a luz branca em um espectro e gotas de chuva, pela mesma razão, formam um arco-íris. Em segundo lugar, concluiu que cada cor é sempre refratada na mesma proporção. Isso significava que qualquer tentativa de combinar diferentes qualidades de vidro para fazer uma lente composta, a fim de superar a aberração cromática, as falsas bordas coloridas vistas em um microscópio ou telescópio de lentes (refrator), jamais teria sucesso. No fim da década de 1750, ficaria provado o erro de Newton nesse ponto, mas, durante esse tempo, sua afirmação nunca foi contestada, e seu próprio erro se tornou de fato uma vantagem, pois o estimulou a inventar o primeiro telescópio de reflexão prático (um telescópio onde a lente frontal é substituída por um espelho curvo adaptado na extremidade do tubo). O telescópio de reflexão não era invenção dele; pode ter sido conhecido até mesmo no século XVI, mas não há dúvida de que o matemático escocês James Gregory planejou um instrumento desse tipo no princípio da década de 1660, embora sua construção tenha frustrado os cientistas da época devido a sua complexidade. Newton criticou severamente o projeto de Gregory, e o dele mesmo certamente era mais simples, embora apresentasse a desvantagem de obrigar o observador a olhar pela parte lateral do tubo, em vez de olhar por trás, como no de Gregory. Na verdade, sua simplicidade era tal que o próprio Newton foi capaz de construir o instrumento. Ainda que tenha trabalhado bem, atraindo a atenção da Royal Society e demonstrando o poder de seus argumentos, é bastante estranho que esse excelente desenho só se tenha afirmado no final do século XVIII — na década de 1780, para sermos mais exatos. Foi o refletor de Gregory que os especialistas em óptica construíram desde a década de 1740; a principal razão parece ter sido o fato de que se podia usar tal instrumento olhando-se pela extremidade posterior do tubo, e não pelo lado, o que tornava mais fácil apontá-lo para um objeto celeste.

Os princípios dos três tipos de telescópio. 1) O telescópio de refração tal como desenvolvido por Kepler. 2) O telescópio de reflexão desenhado por Gregory. 3) O telescópio de reflexão de Newton para se observar de lado.

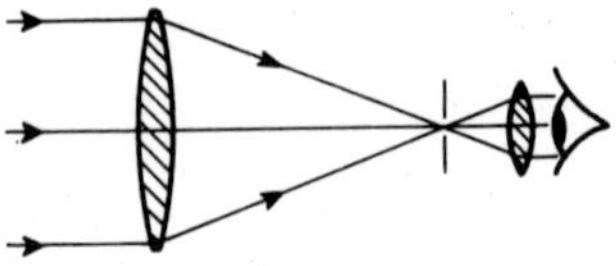

1

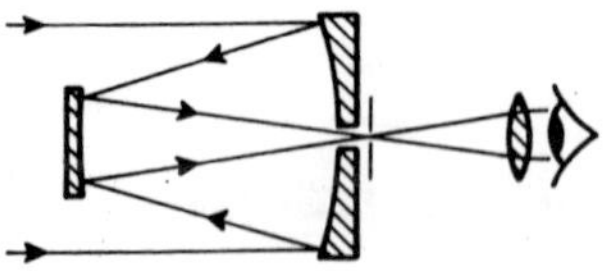

2

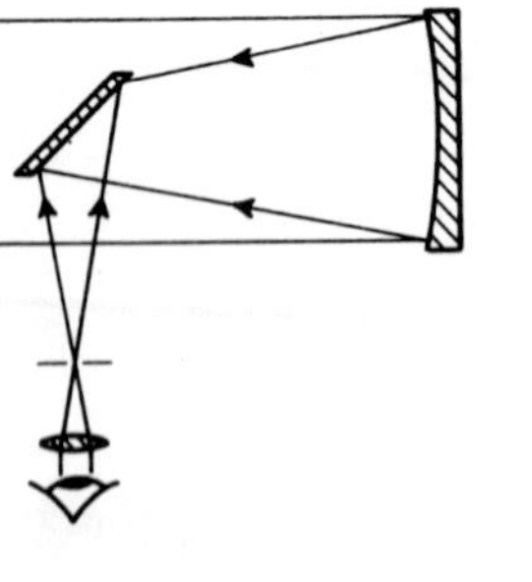

3

Newton relatou à Royal Society o desenho de seu telescópio, junto com sua teoria da luz e da cor, em 1670, mas isso não se tornou amplamente conhecido antes da publicação de seu *Óptica,* em 1704. A demora na publicação do livro deveu-se principalmente ao fato de Newton ter esperado até 1702, ano em que Hooke morreu, para concluí-lo, pois Hooke tinha sua própria teoria sobre ondas luminosas e Newton receava ter de enfrentar longas e amargas discussões se o livro aparecesse enquanto Hooke estivesse vivo. Entretanto, em 1704, não só Hooke estava morto, mas Newton gozava de reputação internacional, graças aos *Principia.* Isso agiu como um fator adicional para colocar o *Óptica,* e com ele a teoria newtoniana da luz e das cores, no curso triunfante em que deveria manter-se por quase um século. Mas então Newton se esquecera da ciência; ele era, na verdade, presidente da Royal Society, mas também diretor da Casa da Moeda e, portanto, um administrador do governo, enquanto parece ter-se dedicado aos seus interesses teológicos durante o tempo livre, o que não deixou de influenciar seu trabalho científico. Era uma figura reverenciada, fora agraciado com o título de cavaleiro em 1705 pela rainha Ana — o primeiro título de cavaleiro a ser concedido por pesquisa científica —, e era tão respeitado que, quando morreu, em 1727, lhe deram um funeral com honras de estadista.

A reverência que lhe dedicaram degenerou no que pode ser chamado, com mais propriedade, de "veneração a Newton", parodiada na década de 1860 pelos versos

> "Você pensa que Newton disse uma mentira,
> Aonde *você* espera ir quando morrer?"

Essa reverência era bastante real, embora o espírito inquiridor no século XVIII tenha se tornado tão profundamente arraigado a ponto de permitir a contestação de algumas idéias de Newton. De fato, já em 1695, David Gregory, professor de astronomia de Oxford, questionava a afirmação de Newton segundo a qual todas as cores sempre eram refratadas na mesma proporção. Na década de 1730, o matemático e físico suíço Euler já iniciara experimentações com combinações de lentes de vidro e água no sentido de eliminar a aberração cromática. Enquanto isso, na Inglaterra, um advogado, Chester Moor Hall, empregou uma objetiva (a lente frontal de um telescópio) com dois componentes, cada qual confeccionado com uma espécie diferente de vidro. Segundo Hall, duas espécies de vidro podiam ser desenhadas de tal forma que a aberração cromática em uma fosse, em grande parte, anulada pela outra, e a experiência foi um sucesso. No entanto, por várias razões de ordem prática, foram necessários outros vinte anos — até 1758 — para que a manufatura de tais lentes "acromáticas" se tornasse comercialmente viável. É interessante notar que Hall tenha baseado seu argumento da "anulação" em uma equivocada analogia com o olho humano; embora tenha conseguido na prática o resultado desejado, ele o fez por motivos teóricos errados.

Calor

Galileu encarava a física como um meio para a realização de experiências que lhe permitissem expressar os resultados matematicamente. Essa abordagem afetava muitos ramos da ciência, e não menos os estudos sobre o calor. O calor sempre foi considerado algo misterioso, mas, ao tempo da fundação da Accademia del Cimento, as experiências estavam, pelo menos, dando os primeiros passos no sentido de se elaborar uma concepção científica através da idealização de artifícios destinados a medir a temperatura. O inventor do primeiro termômetro é desconhecido; pode ter sido Galileu, o hermetista Robert Fludd, o físico holandês Cornelius Drebbel (que certamente inventou um termostato para manter a temperatura de um forno) ou o físico italiano Santorio Santorio. De qualquer forma, foi algum tempo antes de se verificar que uma escala termométrica necessitava de dois pontos fixos para poder ser usada cientificamente — um "ponto de congelamento" e um "ponto de ebulição"; isso não surgiu antes do século XVIII, quando Ole Römer imaginou tal instrumento, em 1708, usando o álcool como líquido. Römer empregou uma mistura de água e gelo, e depois, ao que tudo indica, uma mistura de gelo e cloreto de amônio, para obter o zero. Para o ponto superior, ele tomou a temperatura da água fervendo, e dividiu o espaço entre os dois em 60 graus. O trabalho de Römer está hoje completamente esquecido, e o crédito para a escala — ou antes, para uma modificação dela — é dado ao holandês Daniel Fahrenheit, que, após uma visita a Römer em 1708, começou a produzir seus próprios termômetros. Parece que Fahrenheit se enganou, de alguma forma, quanto aos detalhes da escala de Römer: por exemplo, acreditou que o ponto fixo mais alto representasse a temperatura do sangue e não o ponto de ebulição, mas compreendeu a necessidade de dois pontos fixos. Construiu seus termômetros por métodos que ele acreditava serem os de Römer, e estabeleceu como 212 graus o ponto de ebulição da água; o zero de sua escala era o zero de Römer.

Ilustração à página 143

Duas outras escalas termométricas bem conhecidas apareceram no século XVIII — a escala centígrada, ou de Celsius, e a de Réaumur. A primeira foi criada por Anders Celsius e publicada pela Real Sociedade Sueca em 1742; usava o ponto de ebulição da água em uma extremidade (0 grau) e seu ponto de congelamento na outra (100 graus). Foi o biólogo sueco Lineu que inverteu a escala para nos dar nossos atuais termômetros Celsius. Mais ou menos na mesma época, René-Antoine Réaumur fazia experimentações com um termômetro de álcool. Observou que o álcool tem uma expansão da ordem de 80 partes por mil quando vai do ponto de congelamento ao ponto de ebulição da água. Em 1730, produziu então uma escala termométrica de 80 graus, muito utilizada durante algum tempo na Europa Ocidental.

A termometria era uma tentativa de medir o grau de calor, mas o que era o calor em si mesmo? Vários cientistas do século XVI e do XVII procuravam uma resposta a essa pergunta. De modo geral, havia duas concepções principais: primeira, o calor se devia às vibrações de partes de uma substância; segunda, o calor era um fluido "imponderável" (isto é, um fluido que não se podia pesar ou medir), embora o astrônomo e filósofo francês Pierre Gassendi tenha sugerido que esse fluido comportava partículas frias e quentes cuja presença provocava o que se chama frio e calor. Francis Bacon e Robert Hooke eram partidários da teoria da vibração, mas foi o conceito do calor como substância imponderável que finalmente se tornou aceito — a teoria "calórica", como a chamaram os químicos franceses Lavoisier e Berthollet. Na verdade, havia os que pensavam de modo diferente, e, ao fim do século XVIII, o americano Benjamin Thompson, futuro conde Rumford, mostrou que sua experiência, ao construir canhões de ferro para o príncipe da Baviera, indicava que o calor podia ser gerado pela fricção. Isso dificilmente poderia ser incorporado pela teoria calorífica, e Rumford inclinou-se pela da vibração, mas a questão não foi resolvida senão na metade do século XIX, e mesmo então físicos famosos, como William Thomson (lorde Kelvin), ainda aceitavam a hipótese do fluido imponderável.

Ilustrações às páginas 98, 129

Se a natureza do calor era principalmente um motivo de especulação, o desenvolvimento da termometria estimulou outro trabalho quantitativo — a medição do calor, qualquer que fosse sua natureza. O calor das misturas — água quente e água fria — foi examinado, especialmente por Jean-Baptiste Morin e Georg Richmann, verificaram que os corpos perdem calor para o ambiente que os circunda e que quaisquer experiências de medidas de temperatura deveriam levar esse fato em conta, além das perdas de calor nos próprios aparelhos em que os corpos estão contidos. Essa advertência estimulou a busca de uma maior precisão, mas o trabalho mais significativo do século XVIII foi apresentado pelo médico, químico e físico escocês Joseph Black. Nascido em 1728, Black estudou em Glasgow e depois em Edimburgo; tornou-se professor de química em Glasgow por algum tempo e depois, em 1766, mudou-se para assumir a mesma cadeira em Edimburgo; juntamente com suas designações acadêmicas, Black foi bem sucedido na área da prática médica, e ganhou uma pequena fortuna, embora pareça que ele próprio viveu de modo bastante frugal.

A grande contribuição de Black ao estudo do calor foi sua constatação de que corpos de diferentes matérias têm diferentes capacidades de armazenar calor. Anteriormente, fora sugerido que, quando todos os corpos estão com a mesma temperatura, todos possuem a mesma quantidade de calor, mas Black não concordou. Declarou que, à mesma temperatura, um bloco de ferro parece mais quente que um bloco de madeira de igual volume, pois o ferro possui mais calor, isto é, sua capacidade de armazenar calor é maior. Isso o levou, na década de 1760, ao conceito de "calor específico" — a capacidade de um corpo de absorver calor —, e ele foi capaz de fornecer métodos experimentais para medir essa grandeza. Black também estudou o calor necessário para mudar o estado físico de um corpo — por exemplo, mudar gelo em água ou água em vapor. Experiências sobre esse tópico conduziram-no a propor um segundo conceito, que ele chamou de "calor latente", isto é, o calor necessário a um corpo para provocar a mudança de estado. Eram ambas idéias importantes e conduziram a uma apreciação quantitativa daquilo que, no princípio do século XVII, parecera um assunto insolúvel. Também tiveram importantes aplicações práticas, sendo a mais notável o desenvolvimento por James Watt do condensador separado para os motores a vapor, invenção que revolucionou esses motores e os tornou economicamente viáveis. Esse foi um resultado direto do trabalho teórico de Black, já que, por algum tempo, Watt foi o construtor de instrumentos científicos da Universidade de Glasgow, onde conheceu Black e suas idéias.

Ilustração à página 98

Eletricidade

O terceiro grande progresso experimentado pela física, durante os séculos XVII e XVIII, foi o estudo da eletricidade. Os efeitos elétricos foram conhecidos na Antiguidade — de fato, a própria palavra "eletricidade" é derivada do grego *"elektron"*, que significa "âmbar", pois a capacidade do âmbar de, quando friccionado, atrair pequenas folhas parece ter sido o único "fato elétrico" então conhecido. Uma vez que o âmbar agia de forma semelhante à magnetita, que atraía peças de ferro, houve alguma confusão nos tempos antigos entre o magnetismo e o que hoje chamaríamos de eletricidade "estática" — a eletricidade resultante da fricção de certas substâncias.

William Gilbert fez alguns estudos sobre a eletricidade estática, mas chegou à conclusão de que era um assunto trivial, e talvez o estudo permanecesse nesse estágio, não fosse o desenvolvimento da "máquina eletrostática". A invenção original deveu-se a Otto von Guericke, engenheiro e diplomata alemão e, por algum tempo, prefeito de Magdeburg, que, no fim da década de 1640, interessou-se pela física. Uma idéia que o intrigava era a sugestão de que os corpos celestes reagiam um ao outro por magnetismo, e ele pensou em modificar as experiências de Gilbert ao utilizar uma magnetita esférica, fundindo com minerais para imitar o que julgava ser a real composição da Terra. No final, a esfera continha grande quantidade de enxofre — mais tarde ele usou uma esfera de enxofre puro — e, rodando-a e esfregando-a ao mesmo tempo, Von Guericke verificou que ela adquirira poderes de atração e expelia centelhas. Não as reconheceu como devidas à eletricidade estática — embora o fossem;

Ilustração à página 130

Sobre o trabalho de William Gilbert, ver páginas 39, 57.

pensou tratar-se de poderes ou "virtudes" do corpo. Entretanto, cerca de trinta anos depois, em 1705, Francis Hawksbee, em Londres, notou que a parte vazia do tubo de um barômetro às vezes emitia um brilho, corretamente diagnosticado como sendo devido à fricção do mercúrio contra o vidro.

Mas o estudo da eletricidade estática realmente só se desenvolveu a partir da década de 1720. Foi quando Stephen Gray, estimulado pelo trabalho de Von Guericke e Hawksbee, realizou uma série de experiências elétricas usando uma máquina eletrostática. Sua primeira descoberta foi que a "virtude elétrica" podia ser transmitida a grandes distâncias, ao longo de um fio, caso este fosse feito de material apropriado, como a seda, mas que "vazaria" se o material fosse impróprio. Em segundo lugar, verificou que um corpo poderia ser eletrificado ao entrar em contato com outro corpo eletrificado. Enquanto isso, na França, Charles-François Dufay descobriu que corpos eletrificados podiam atrair ou repelir um ao outro, e isso o levou a sugerir a existência de duas espécies de eletricidade estática.

Nas décadas de 1740 e 1750, construíram-se diversas variações da máquina elétrica de Von Guericke, usando-se um globo ou um cilindro de vidro para gerar cargas elétricas. Posteriormente elas se tornaram mais poderosas, em especial quando John Cuthbertson, na década de 1780, desenhou um aparelho usando dois pratos de vidro que rodavam em direções opostas, e todas elas produziram fontes mais poderosas de eletricidade estática e permitiram que se efetuassem experiências em maior escala. Uma conseqüência disso foi a descoberta, em 1745, por Ewald von Kleist, de um aparelho capaz de armazenar eletricidade de tal maneira que, quando se descarregava, produzia uma centelha suficientemente grande para acender uma quantidade de álcool. Até certo ponto, isso não passava de uma experiência inconseqüente — Von Kleist usou um simples vidro de remédio forrado com metal —, mas, em Leyden, Pieter van Musschenbroek, ao realizar experiências com eletricidade, encontrou, por acaso, um modo de confirmar o resultado obtido por Von Kleist. Musschenbroek desenhou uma garrafa de vidro revestida interna e externamente de folhas de metal, que se tornou conhecido como a garrafa de Leyden e constituiu o primeiro condensador. Experiências subseqüentes mostraram que a faísca emitida era tanto maior quanto mais fino fosse o vidro. Era um fato significativo, pois simplesmente não podia ser explicado pela teoria das duas espécies de eletricidade, e abriu caminho para a teoria do cientista americano Benjamin Franklin, que foi capaz de explicar a ação da garrafa de Leyden através da teoria de um único fluido. Não obstante, uma teoria de dois fluidos modificada deveria voltar a ocupar a mente de cientistas por algum tempo, embora só tenha sido aceita por uns poucos pesquisadores.

Ilustrações às páginas 130-131

As cargas armazenadas por uma garrafa de Leyden podiam ser muito grandes, e verificou-se que a descarga de garrafas ligadas por fios elétricos era capaz de matar animais. Elas podiam ser usadas com o objetivo de armazenar eletricidade para estudo posterior, e foi ao carregar uma garrafa dessas com uma pipa que soltou durante uma tempestade, em 1750, que Franklin pôde mostrar que o relâmpago nada mais era do que eletricidade estática.

Em eletricidade, bem como em outros campos da física, os pesquisadores estavam ávidos por chegar a uma concepção quantitativa. Durante as décadas de 1760 e 1770, tornou-se claro, devido ao trabalho experimental de Franklin, do químico e físico Joseph Priestley e do excêntrico milionário experimentador Henry Cavendish, que a força de atração ou repulsão entre cargas elétricas variava, tal como a gravidade, de acordo com o inverso do quadrado da distância entre elas. É claro que foi uma descoberta de grande importância, mas precisava ser confirmada por medidas de maior precisão. O francês Charles Coulomb, físico e engenheiro, foi quem conseguiu, em 1785, atingir a precisão necessária com sua "balança de torção". Essencialmente, era um aparelho que tinha uma esfera eletricamente carregada, ou um magneto, na extremidade de um braço horizontal suspenso de um fino fio de prata. O aparelho era todo envolvido por um estojo de vidro no qual estava gravada uma graduação. Com o braço horizontal em repouso, uma segunda esfera carregada (ou magneto) era aproximada até uma distância especificada; isso fazia o braço girar, e a torção do fio de prata resistia a esse giro de forma que a quantidade de rotação do braço horizontal era proporcional às forças de atração ou repulsão. Engenhoso e simples, como todas as boas experiências, a balança era muito sensível e permitiu a Coulomb provar que não apenas as cargas elétricas —, mas também os magnetos atraem uns aos outros com uma força que, de fato, varia precisamente de acordo com o quadrado da distância.

Os últimos progressos em matéria de eletricidade no século XVIII aconteceram na Itália, nas cidades de Bolonha e Pavia. Em 1780, na Universidade de Pavia, Luigi Galvani, professor de obstetrícia, começou uma série de cuidadosas investigações sobre as reações dos membros posteriores de rãs quando se lhes aplicava eletricidade estática. Antes de tudo, verificou que as pernas das rãs, colocadas sobre um vidro revestido com uma folha metálica em ambas as faces, contraíam-se quando se aplicava uma carga elétrica na coluna espiralada acima delas. Mas ao continuar, com pequenas variações, a fazer os testes, chegou a um estranho e inesperado resultado. As pernas da rã se contraíam mesmo que estivessem completamente isoladas, desde que fosse dado aos nervos apropriados um percurso elétrico conduzindo até o chão, e que uma máquina elétrica, a alguma distância, produzisse uma centelha. Contrações semelhantes ocorriam nas pernas fixadas por um gancho de latão que passava pela espinha, aos corrimãos de ferro fora do laboratório. Elas se contraíam não apenas durante uma tempestade, mas até quando o céu estava calmo. Os mesmos efeitos foram obtidos dentro da casa.

Galvani interpretou seus resultados como devidos à "eletricidade animal". Concluiu que tinha provado uma idéia que fora discutida freqüentemente durante todo o século XVIII — a de que os nervos e músculos dos animais continham um fluido sutil semelhante ao fluido elétrico. Mas na verdade seus resultados não se deviam a isso de modo algum — não havia tal fluido. Os acontecimentos curiosos e inesperados que ele observara originavam-se do contato de dois *Ilustração à página 133* metais diferentes (no caso, latão e ferro) em um ambiente úmido. A causa foi descoberta por Alessandro Volta, professor de física experimental em Bolonha que, em 1792 e 1793, publicou no *Negócios Filosóficos* da Royal Society sua crença de que os "metais usados nas experiências, sendo aplicados aos corpos úmidos de animais, podem, por eles mesmos (...) excitar e desalojar o fluido elétrico (...)" Seguiu-se uma discussão com Galvani, mas, em 1799, Volta provou sua teoria construindo um aparelho — uma pilha de discos de cobre e zinco separados por discos de papelão úmido —, que realmente produziu eletricidade. Não era apenas a primeira bateria elétrica, mas também a primeira fonte geradora de um fluxo contínuo de eletricidade, e suas implicações, tanto como fonte de eletricidade quanto em relação às questões teóricas que provocou, foram imensas. A descoberta levantou problemas na área da química e serviu de instrumento para forjar uma ligação entre a eletricidade e as substâncias materiais, abrindo, desse modo, uma nova dimensão de pesquisa da qual se beneficiaria o século XIX.

Química

Durante os séculos XVII e XVIII, novos desenvolvimentos da química deveram sua origem a várias experiências, realizadas no século XVII, sobre a combustão e a respiração com o emprego de bombas de vácuo. Foi Galileu quem, em 1638, em seus *Discursos referentes a duas novas ciências,* mostrou que, apesar da declaração de Aristóteles de que não podia haver algo como o vácuo, este podia ser gerado sem grandes dificuldades. Essa pesquisa foi continuada *Ilustração à página 89* por seu discípulo Torricelli e por Otto von Guericke, na Alemanha. Ambos estudaram a pressão atmosférica criando vácuos na extremidade de tubos selados (com o que faziam os primeiros barômetros), enquanto Von Guericke foi além e desenhou eficientes bombas de vácuo. Com elas, mostrou a força do vácuo numa famosa demonstração pública de seus "hemisféricos de Magdeburg": ele juntou dois hemisférios de cobre ocos, cujos bordos se ajustavam perfeitamente e em cujo interior criou o vácuo através de uma máquina pneumática, *Ilustração à página 134* e mostrou que nem a força de duas parelhas de cavalos era suficiente para separá-los.

Um terceiro e notável pesquisador nesse campo foi Robert Hooke (1635-1703). Filho doentio de um pastor protestante, Hooke conseguiu, em 1653, entrar para a Igreja de Cristo, em Oxford, como corista; na universidade, conheceu vários homens interessados em ciência que estariam entre os fundadores da Royal Society. Entre eles estava Robert Boyle (1627-1691), filho do primeiro conde de Cork, que empregava Hooke, ainda não diplomado, como assistente de laboratório. Embora seu principal interesse estivesse voltado para a química, Boyle era também fascinado pelas propriedades físicas do ar — já havia escrito um livro sobre esse assunto —, e, intrigado com o trabalho de Von Guericke, instruiu Hooke a aperfeiçoar uma bomba de vácuo. Hooke tinha forte inclinação para a mecânica — mais tarde inventaria a junta universal e um relógio acionado por mola — e construiu uma bomba altamente satisfatória. Na verdade, Hooke tinha tanta capacidade para executar experimentos que, em 1662, foi designado "curador de experiências" da Royal Society e, assim, capacitou-se a realizar algumas pesquisas para si mesmo em meteorologia — desenhou higrômetros, barômetros e um anemômetro — e na elasticidade dos materiais, assunto no qual ainda é relembrado pela lei de Hooke (a que estabelece a proporcionalidade entre a tensão que atua sobre um corpo e a deformação que ela provoca). Com Boyle, e usando sua bomba de vácuo aperfeiçoada, Hooke ajudou a determinar a relação que conhecemos como a lei de Boyle, a que estabelece ser constante o produto da pressão pelo volume de um gás.

Ilustração à página 135

Outro produto da cooperação Boyle-Hooke foi a publicação por Boyle, em 1661, de seus livros *O químico cético* e *Alguns ensaios fisiológicos.* Eles tornam claro seu apoio às teorias de tipo atômico com referência às substâncias materiais e seu desejo de se libertar da combinação aristotélica de substância e forma. Em *O químico cético,* deu ênfase à necessidade de uma nova definição dos elementos, sugerindo que eles poderiam ser mais bem descritos como as substâncias perfeitamente homogêneas nas quais os corpos mistos podiam, em última instância, transformar-se. A injunção de Boyle era oportuna, pois, na metade do século XVII, a velha classificação terra-ar-fogo-água já havia se tornado improdutiva. Usar o velho sistema fazia da química uma confusa desordem de idéias, como o trabalho de Jan Baptista van Helmont, em Bruxelas, tornara claro. Médico e cientista experimental, Van Helmont, adequadamente, dava muito valor à pesagem e à medição precisas em todo o seu trabalho químico — procedimento que deveria pagar grandes dividendos em toda a química experimental subseqüente e que foi vital em todas as investigações sobre os vários aspectos da combustão. Na primeira metade do século XVII, Van Helmont descobriu que um estudo químico da fumaça remanescente da combustão de sólidos e fluidos mostrava que ela era diferente do ar e do vapor d'água, apresentando características da substância que lhe dera origem. Para essas fumaças ele criou uma nova palavra, "gás", derivada do grego *"chaos"* ("espaço vazio") ou do holandês *"gaesen"* ("fermentar" ou "efervecer"), e, em experiências subseqüentes, mostrou que existiam muitos tipos de gases. Naturalmente, isso requeria investigação posterior.

Hooke, assim como Boyle, aceitou o desafio, argumentando que, já que o salitre existente na pólvora queima sob a água, ele deve conter alguma coisa que o ar possui. De fato, Hooke estendeu essa idéia a todos os corpos combustíveis e concluiu que o ar contém um "solvente" que permite a ocorrência da combustão. Ele já sabia que o ar era necessário para manter o "fogo da vida"; e suas experiências também revelaram que os animais, para viver, necessitavam de ar, bombeado através dos pulmões, e que as plantas precisavam de ar para crescer. Tudo isso foi levado mais além por John Mayow, médico e pesquisador que Hooke encontrara em várias ocasiões. Mayow criou um método de extrair gases da água — uma importante descoberta —, em termos experimentais e, por volta de 1679, mostrou que tanto a respiração como a combustão consomem determinada quantidade de ar. Sugeriu que o ar também possuía "partículas nitroaéreas", que eram consumidas durante esses processos.

Tais estudos não eram, naturalmente, prerrogativa exclusiva dos pesquisadores ingleses. O economista alemão Johann Becher, também um pesquisador químico, estudou a química dos metais e dos minerais, publicando seus resultados em 1669 sob o título *Física subterrânea.* Becher supunha que todos os metais e minerais apresentavam três qualidades, a *terra lapida,* ou componente vitrificável transparente (equivalente ao "sal" de Paracelso), a *terra mercuralis,* ou componente sutil e volátil, e a *terra pinguis,* componente ígneo, graxo e combustível. Todas as outras substâncias, que eram também combustíveis, continham *terra pinguis.* Era uma exposição engenhosa, especialmente depois que Becher estabeleceu que nenhum desses componentes era verdadeiramte um elemento químico; eram apenas qualidades de comportamento.

As idéias de Becher foram adotadas pelo físico alemão Georg Stahl, que acreditava no vitalismo, doutrina que admite um princípio vital que opera em toda a natureza, especialmente notada nas coisas vivas. Dono de grande influência como escritor, aplaudiu a teoria de Becher e apresentou algumas novas edições da *Física subterrânea.* Mas o lugar de Stahl na história da química repousa em seus *Fundamentos da química,* publicados em 1723. Esse livro foi importante porque promoveu duas idéias. A primeira, uma definição de química; para Stahl, essa era um método de dividir os compostos em seus elementos e estudar sua recombinação, ponto de vista que deu aos pesquisadores químicos uma idéia mais clara de suas finalidades. A segunda, e mais importante, a introdução do "flogisto" (do grego *"phlogistos",* "queimado"), para substituir a *terra mercuralis,* e a extensão disso a todos os materiais combustíveis. A importância do "princípio do fogo", o flogisto, é que ele agia como um grande conceito unificador na química; correlacionava grande variedade de fatos, sendo aplicável não só à combustão, mas também à respiração e à calcinação (torrefação de metais a uma alta temperatura, mas sem fusão), tornando, assim, mais compreensível todas as espécies de reações. Durante os trinta ou quarenta anos seguintes, os químicos mantiveram essa teoria com todo o vigor, até que ela se tornou de tal modo embutida no pensamento químico que um grande esforço intelectual teve de ser feito para lhe dar fim.

Após o advento da teoria do flogisto, o estudo da combustão e dos gases foi levado adiante, pois os químicos ainda estavam intrigados com a natureza do ar, e uma pesquisa mais significativa foi realizada, especialmente por Joseph Black. Na época em que recebeu seu diploma de doutor em medicina, na década de 1750, havia a idéia, bastante difundida entre os médicos, de que a água de cal (uma solução fraca de hidróxido de cálcio e água) era eficaz para dissolver "pedras" na bexiga. Dois professores de Edimburgo concordavam com isso, mas desaprovavam energicamente os processos químicos envolvidos, e Black decidiu investigá-los como tema de sua tese. Entretanto, não queria envolver-se no conflito, e acabou examinando outros materiais semelhantes para ver se podia encontrar um substituto mais poderoso para a água de cal. Como conseqüência, examinou o pó branco *magnesia alba* e verificou que, quando aquecido fortemente, este mostrava possuir qualidades inesperadas. Quando calcinado, apenas uma fração de seu peso se perdia, o que levou Black a concluir que essa perda se devia à retirada do ar. Essa hipótese parecia ser confirmada pelo fato de que, enquanto a *magnesia alba* expelia bolhas de ar durante sua combinação com o ácido, não o fazia em sua forma calcinada (o cáli). Além do mais, com o uso de um álcali, Black foi capaz de transformar o cáli em uma quantidade de *magnesia alba,* igual, em peso, à original. Ora, sabia-se que uma crosta se formava na água de cal, mas Black descobriu que isso não acontecia quando o líquido era mantido numa garrafa tampada. Então, em ambos os casos — o do cáli de *magnesia alba* e o da água de cal —, parecia que alguma coisa no ar estava se combinando com eles. Black chegou então à importante conclusão de que o ar não era uma substância simples, e sim uma combinação de várias substâncias. Esse foi um passo realmente significativo.

Black chamou o componente combinatório de "ar fixo", pois era fixo em várias substâncias. Investigações posteriores levaram-no a descobrir que o ar fixo era produzido durante a respiração, na combustão e na fermentação. Assim, desde 1756, quando Black publicou seus resultados, os químicos ficaram cientes de que o ar se compunha de mais de uma substância química. O próximo passo seria determinar essas substâncias. Henry Cavendish realizou algumas pesquisas e, em 1776, presenteou a Royal Society com seus resultados, uma contribuição científica que chamou de "Sobre ares facciosos". Era um estudo das propriedades físicas do ar fixo de Black e do que ele chamou de "ar inflamável", que parecia ser o mesmo que o flogisto de Stahl. Verificou que um ácido, ao atuar sobre um metal, soltava ar inflamável, e concluiu que este derivava do próprio metal. Assim, de acordo com seus resultados, parecia haver três espécies de ar — ar, ar fixo e ar inflamável —, embora a opinião geral fosse de que esses três eram meramente o ar com suas propriedades alteradas. Até então, ninguém levara avante a idéia de Van Helmont sobre diferentes gases.

Os passos seguintes para resolver o problema foram dados por Joseph Priestley, professor e pregador presbiteriano inglês, homem de opiniões políticas muito radicais, que apoiava energicamente os ideais da Revolução Francesa. Profundamente interessado em química e física, e autor de um livro de sucesso, *A história e o estado atual da eletricidade*. . . (1767), Priestley decidiu que também devia fazer experiências com o ar. Observador meticuloso e crítico, em 1772 estava pronto para publicar um relato de suas primeiras experiências, no *Negócios Filosóficos.* Usando sua própria tina pneumática aperfeiçoada (era um recipiente parcialmente imerso em mercúrio) para recolher seus "ares", ele descreveu como havia preparado diferentes variedades — "ar nitroso", "ar flogisticado", "ar ácido" e sete outros. Novas experiências mostraram-lhe que o volume de ar diminui de um quinto durante a respiração e, em 1772, descobriu também que, combinando seu "ar nitroso" (nosso óxido nitroso) com o ar comum, obtinha um produto de cor avermelhada e que diminuía de volume. Ele realizou essa experiência fazendo os gases explodirem com uma centelha dentro de um vaso selado — técnica que permitiu a realização de experiências quantitativas. Priestley também descobriu que as plantas "restauravam" o ar respirado por um rato ou alterado pela presença de uma vela acesa.

Entretanto, a mais importante descoberta de Priestley ocorreu em abril de 1774, quando ele obteve um ar sem cor ao aquecer o óxido vermelho de mercúrio, usando a luz do sol concentrada por meio de um grande vidro ustório — método eficiente para se obter grande quantidade de calor em laboratório. O ar que obteve o surpreendeu; nele, uma vela queimou brilhantemente, embora o ar fosse insolúvel em água. Ele o chamou de "ar deflogisticado". No outono, Priestley viajou pelo norte da Europa, e, em Paris, discutiu seus resultados com o químico francês Lavoisier; foi um encontro decisivo. Ao retornar à Inglaterra, Priestley trabalhou como ministro religioso, mas isso não o impediu de continuar suas experiências. Em 1781, usou uma centelha para explodir uma garrafa contendo uma mistura de ar inflamável e ar deflogisticado, e notou que o resultado foi "orvalho" (isto é, água): comentou apenas que "o ar comum deposita sua mistura quando flogisticado". Cavendish repetiu essa experiência e verificou que o orvalho era "água pura", concluindo que "o ar deflogisticado é, na realidade, nada mais que água deflogisticada". Evidentemente, estava sendo forjada uma ligação entre a água e os componentes do ar, mas o aspecto geral ainda não estava claro, embora não houvesse dúvida sobre a evidência experimental. De fato, a descoberta, por Priestley, do ar deflogisticado, fora antecipada, em 1772, pelo farmacêutico sueco Carl Scheele, cujos resultados o levaram a declarar que o ar era de duas espécies, uma que favorecia a combustão — o "ar de fogo" — e outra que a impedia. Os resultados de Scheele não foram publicados, contudo, até 1777, com uma tradução para o inglês três anos depois.

O homem que finalmente resolveu o problema, embora tivesse que rejeitar a teoria do flogisto antes de ser capaz de fazê-lo, foi Antoine-Laurent de Lavoisier. Nascido em 1743, era funcionário do governo parisiense com talento para a ciência. Foi certamente uma grande perda para a comunidade científica o fato de ter sido morto na guilhotina, em 1794, durante o reinado do Terror da Revolução Francesa. O matemático Lagrange observou: "Eles precisaram apenas de um instante para cortar aquela cabeça, e uma centena de anos podem não vir a produzir outra semelhante". Infelizmente, porém, ele se tornara um membro da impopular Ferme Générale que recolhia impostos em benefício do governo.

Lavoisier começou sua carreira científica na década de 1760, no campo da geologia, à qual trouxe o máximo de medidas de precisão que lhe foi possível — tendência que caracterizaria todo o seu trabalho. Depois passou a se envolver com o suprimento de água de Paris. Isso o levou a realizar experiências químicas e a desaprovar a idéia de que a água se transformava em terra se aquecida durante muito tempo, visão errônea devida ao fato de que, quando se ferve água impura, esta deposita um resíduo sólido. Novamente foi uma cuidadosa experiência quantitativa que levou Lavoisier a seus resultados. Só no princípio da década de 1770 é que ele começou a estudar a combustão, mas, tão logo o fez, pôde demonstrar que, quando um metal era calcinado, não acolhia "partículas de fogo", isto é, não absorvia "ar fixo". Foi nessa situação que Priestley visitou Paris e falou a Lavoisier sobre sua idéia do ar deflogisticado.

Depois da visita de Priestley, Lavoisier fez uma série de outras experiências decisivas. No fim da década de 1770, ele próprio ficou convencido de que o ar era um composto de alguma natureza, contendo uma parte eminentemente combustível e outra irrespirável. Os estudos da calcinação isolada e, depois, na presença do carvão levaram-no a concluir que o "ar fixo" de Black era uma espécie de composto do carvão. Então, juntou todos esses resultados e chegou à primeira das conclusões que iriam derrubar antigas idéias sobre química e conduzir à química moderna. Em 1779, declarou que a parte combustível do ar era um constituinte de todos os ácidos e chamou-a de "princípio ácido", ou *"principe oxygine"* (derivado do grego *"oxus"*, "ácido"). Nessa época, contudo, não havia descartado a teoria flogística; apenas declarou que seu ponto de vista dava outra explicação a essa teoria. *Ilustração à página 137*

Agora Lavoisier já podia explicar uma série de processos químicos, mas ainda estava intrigado com o ar inflamável. Entretanto, era nessa época que Priestley e Cavendish estavam usando centelhas para produzir orvalho, e Cavendish concluiu que o orvalho era pura água. Em Paris, Lavoisier recebeu notícias da identificação realizada por Cavendish, e também da explicação deste, que ainda supunha que todos os gases continham água e usava a teoria do flogisto como justificativa. Mas Lavoisier realizou outras experiências, não apenas produzindo água, mas também investigando a ação precisa dos ácidos sobre os metais e a produção, durante essas últimas experiências, de "ar inflamável". O resultado foi reconhecer que a água se divide em certas circunstâncias, dando seu *principe oxygine,* por um lado, e um princípio da água — *principe hydrogen* (do grego *"hydor"*, "água") —, por outro. Uma vez realizado esse reconhecimento, uma porção de reações químicas podia, agora, ser explicada de modo mais eficaz, e isso se aplicava especialmente ao caso de reações que envolviam ácidos que atuavam sobre metais. Lavoisier mostrou como o oxigênio e o hidrogênio realizavam cada qual uma parte, e foi capaz de formular uma máquina totalmente nova sem invocar o "elemento fogo", o flogisto.

Baseado em cuidadosa análise e apoiado em medição meticulosa, esse era um sério desafio à antiga teoria do flogisto, e, com o correr dos anos, acabou por suplantá-la. Entretanto, suas vantagens ficaram imediatamente evidentes a numerosos químicos, e, em 1784, um ano depois de Lavoisier haver anunciado seus resultados, Joseph Black os estava transmitindo a seus alunos em Edimburgo, enquanto em 1785 Claude Berthollet, químico muito conhecido, abraçou as novas idéias. Verdadeiramente, durante os dois anos seguintes, Berthollet, Lavoisier e os químicos Guyton de Morveau e Antoine de Fourcroy trataram de reorganizar toda a nomenclatura química à luz da nova teoria, dando a cada substância um nome que descrevia sua composição química e definindo seus elementos de modo muito cuidadoso, seguindo os princípios estabelecidos, mais de um século antes, por Robert Boyle. Assim, "óleo de vitríolo" tornou-se ácido sulfúrico, *"aqua fortis"*, ácido nítrico, e asim por diante; era um sistema muito semelhante ao usado hoje, embora tenha aparecido pela primeira vez em 1787 sob o título *Método de nomenclatura química.* Dois anos depois, Lavoisier apresentou seu famoso *Tratado elementar de química,* o qual, com sua clareza e abrangência, popularizou as novas idéias. A era moderna da química tinha, afinal, amanhecido.

Sobre o desenvolvimento da natação, química, ver volume IV, capítulo 9, "Química"

Geologia

Sobre a percepção dos chineses em relação aos restos fósseis, ver volume II, página 168; sobre as observações de Palissy, ver página 35.

Foi nos séculos XVII e XVIII que a geologia saiu do reino da especulação para atingir a dignidade de uma ciência. A paleontologia — estudo de plantas e rochas fósseis — começou, afinal, a merecer um estudo cuidadoso. Em 1665, Robert Hooke descreveu a madeira fóssil e fez comentários sobre corpos petrificados, sugerindo que podiam resultar de processos naturais ocorridos durante certo período de tempo, enquanto pontos de vista semelhantes eram apresentados por Niels Stensen (também conhecido como Nicolaus Steno), na Dinamarca, apenas cinco anos depois. Outros, como o biólogo John Ray e o botânico John Woodward, concordavam com essas opiniões, embora ainda fosse cedo para um entendimento completamente novo; no século XVII, o Ocidente ainda sustentava uma forte crença na formação original das espécies no momento da Criação e no Dilúvio como acontecimento histórico.

Foi, contudo, nas idéias sobre a Terra, seu interior, sua crosta e sua idade que houve um avanço mais substancial. Em 1617, em seus *Princípios de filosofia,* Descartes fez algumas sugestões originais sobre a constituição da Terra. Sugeriu que a Terra era, inicialmente, derretida, como o Sol, mas agora havia esfriado e se condensado, exceto em suas regiões centrais, onde ele visualizava uma camada metálica e uma segunda ainda mais densa, que cobria um núcleo ainda incandescente. Logo abaixo da superfície, sugeria, havia tanto água subterrânea quanto uma camada de lama e areia, e foi essa camada que alguns autores posteriores lançaram por conta do Dilúvio. Variações sobre as idéias de Descartes surgiram nos anos seguintes; o jesuíta Athanasius Kircher publicou em 1665 seu *Mundo subterrâneo,* no qual imaginava um centro ígneo, embora tivesse cavidades cheias de fogo ou água, uma explicação para a existência de erupções vulcânicas. Gottfried Leibniz também aceitava a idéia de que a Terra foi a princípio incandescente e, uma observação interessante, sugeria que rochas ígneas formaram a crosta original e que outras, sedimentares, foram sendo formadas mais tarde.

A idade da Terra foi outra questão intrigante. Na década de 1650, James Ussher, arcebispo de Armagh, Irlanda, concluiu, a partir de fontes históricas antigas e das Escrituras (totalizando as idades dos patriarcas do Antigo Testamento), que a criação do mundo ocorreu no ano 4004 a.C., e no século XIX esse número ainda era impresso às margens de Bíblias protestantes. No entanto, houve alguns que tentaram solucionar o problema sob um ponto de vista mais científico, embora a primeira tentativa séria só tivesse surgido no princípio do século XVIII, quando Edmond Halley apresentou uma comunicação sobre o assunto à Royal Society, em 1715. Ele sugeria que a salinidade dos oceanos podia oferecer um dado sobre a idade da Terra, baseando seu argumento na suposição de que, devido à evaporação, a salinidade de cada oceano deveria aumentar com o tempo. Ele estava inclinado a aceitar que 4004 a.C. pudesse marcar o começo da existência do homem, mas pensava que a Terra era muito mais velha. Mais tarde, no século XVIII, estudos sobre possíveis modificações nas espécies animais, realizados especialmente pelo conde de Buffon e pelo cavaleiro de Lamarck, conduziram a sugestões quanto a uma escala de tempo muito mais longa, da ordem de 50 000 anos ou mais.

No século XIX, a formação de características geológicas viria a ser uma valiosa fonte de indícios para uma longa escala de tempo, mas, nos séculos XVII e XVIII, as evidências eram um tanto incertas para que os geólogos se aventurassem a expressar suas opiniões. De qualquer forma, foi nesses dois séculos que se lançaram os fundamentos da geologia física. Isso começou em 1671, com Niels Stensen e seu *Pródromos de uma dissertação referente a sólidos naturalmente contidos dentro de sólidos,* livro em que esboçava os princípios da moderna geologia física e mostrava como camadas de rocha podiam decair para formar montanhas e outros acidentes. Sugeriu também que todas as camadas de rocha ou estrato deviam, originariamente, ter sido depositadas na horizontal em uma superfície sólida e que suas dobras e fracionamentos haviam ocorrido mais tarde; Stensen afirmou também que o encontro de restos de animais marinhos implicava que o mar devia, anteriormente, ter coberto a área. Hooke também discutiu mudanças na topografia, embora tenha se concentrado apenas nos efeitos provavelmente causados por terremotos.

Ilustração à página 137

Na esteira do trabalho de Stensen, fizeram-se estudos mais detalhados de estratos de rocha, e por volta da metade do século XVIII, uma quantidade considerável de indícios fora recolhida, suficiente para que Johann Lehmann, médico alemão interessado em mineração e metalurgia, como haviam sido Bauer e Paracelso, produzisse uma *História das rochas estratificadas* (1756). Esse trabalho foi seguido por outros, especialmente por G. C. Füchsel, que traçou um dos primeiros mapas geológicos para ilustrar descrições estratigráficas, enquanto, em 1759, Giovanni Arduino, perito em mineração, dividiu as rochas estratificadas em "quatro ordens gerais e sucessivas", que ele chamou de primária, secundária, terciária e quaternária — termos que não soam estranhos hoje em dia. De seu estudo de fósseis, Arduino também concluiu que "(...) tantas idades já se tinham passado durante a elevação dos Alpes, como há raças de corpos fósseis orgânicos enterrados nos estratos".

Em 1775, na cidade mineira de Freiberg, na Saxônia, Abraham Werner fundou uma escola de geologia que viria a ter ótima reputação, enquanto sua própria pesquisa deveria aumentar, ao fim do século XVIII, o número de minerais conhecidos e de sua conexão com a geologia. Ao esclarecer esses aspectos, ele declarou corretamente que as características externas dos cristais minerais não só eram importantes para identificá-los, mas também constituíam um indício sobre sua composição, embora não ignorasse igualmente a importância da análise química. Mas a maior contribuição de Werner está em suas idéias sobre a origem da crosta terrestre — de fato, ele é conhecido como o pai da geologia histórica —, e é certo que a ele se deve o fato de a geologia se tornar uma ciência e uma sólida disciplina acadêmica. Sua teoria baseava-se em duas crenças: de que a Terra foi, certa vez, envolvida por um oceano universal e todas as rochas importantes que compõem a crosta terrestre ou foram formadas como sedimentos ou foram precipitadas pelo oceano envolvente. Possivelmente, sua conclusão mais importante foi que a escala de tempo da história terrestre era realmente muito longa; escreveu sobre águas cobrindo a Terra "talvez 1 milhão de anos atrás (...)", e continuou para mostrar sua percepção de um período tão vasto dizendo: "Em contraste com o que a história escrita é apenas um ponto no tempo". Sua teoria traçou as mudanças graduais que ele concebeu como tendo ocorrido durante esse longo tempo geológico. Pensava ter havido cinco períodos de formação; um muito primitivo, quando as rochas eram precipitadas a partir de um oceano estagnado e calmo, destituído de vida. Veio então o período de transição, seguido de outro de tempestades e desenvolvimento da vida; algumas das rochas antigas foram então quebradas e se produziu uma grande inundação. Em seguida houve os períodos vulcânico e aluvial. Sua teoria também admitia variações locais e, embora estejamos bem conscientes de suas falhas, foi uma síntese imensamente eficaz do conhecimento estratigráfico que, ao aparecer em fins do século XVIII e princípios do século XIX, exerceu grande influência no pensamento posterior.

Importante, também, para o desenvolvimento posterior foi a geologia física de James Hutton. Médico escocês com inclinação pela geologia, Hutton produziu, em 1795, sua própria *Teoria da Terra.*

Página oposta. A precisão na medida do calor específico de um corpo foi auxiliada por um aparelho cuidadosamente planejado, como este calorímetro idealizado, por volta de 1800, por Antoine de Lavoisier e Pierre Simon de Laplace.

The Calorimeter of Lavoisier and La Place.

H. Lascelles del.

London Published as the Act directs March 10. 1801. by J. Wilkes.

À direita. Bateria de garrafas de Leyden sendo carregada por uma máquina elétrica de placas de vidro rotativas, desenhada por John Cuthbertson na década de 1780.

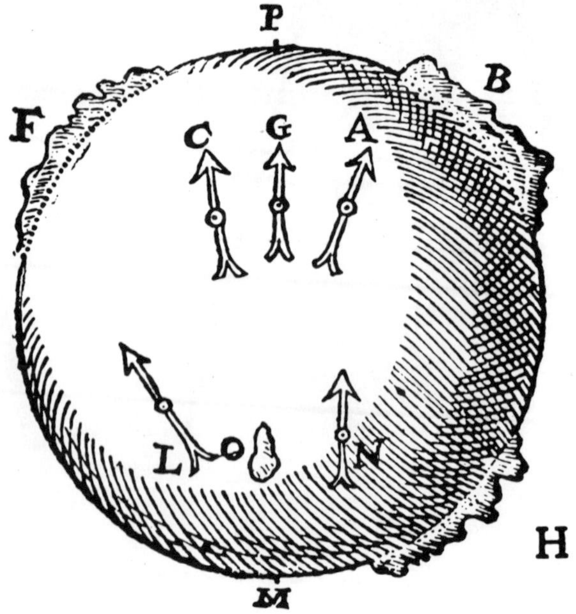

À direita. Ímã em forma de globo, com massas de ferro que representam montanhas, usado por William Gilbert para demonstrar a propriedade da agulha magnética de se voltar para o norte. O trabalho de Gilbert lançou os fundamentos dos estudos do magnetismo nos séculos XVII e XVIII. De seu *De magnete*, 1600.

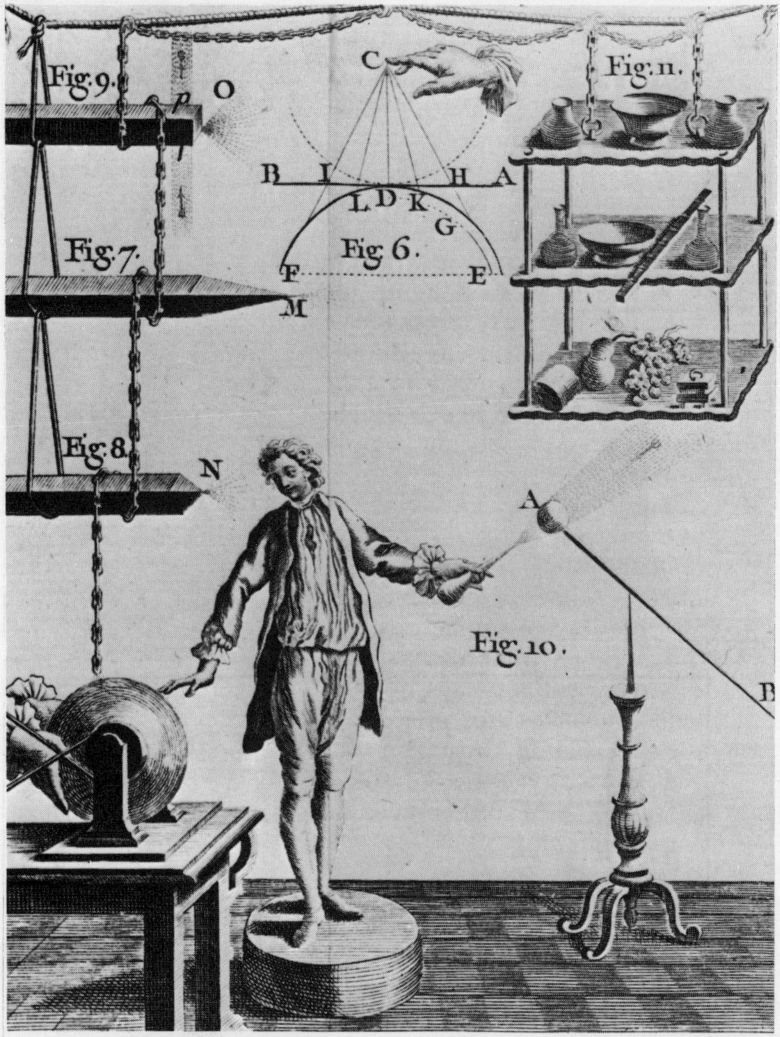

À esquerda. Vários efeitos produzidos por cargas de eletricidade estática geradas por um globo de vidro rotativo *(à esquerda).* Ilustração de J. A. Nollet, 1749.

À esquerda. A "tina" de Franz Anton Mesmer (1734-1815): uma cuba cheia de ácido sulfúrico diluído, em torno da qual os pacientes se sentam, segurando barras de ferro salientes, para serem curados pelo "magnetismo animal".

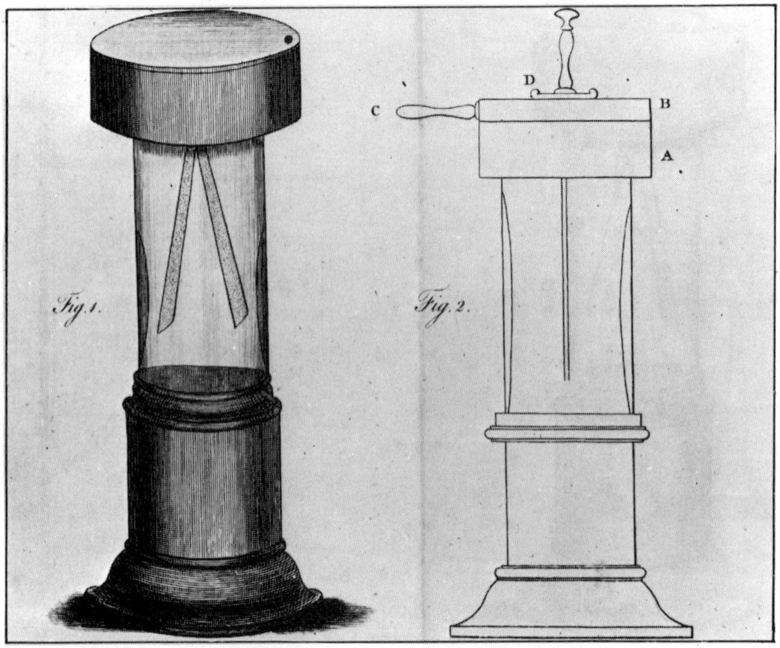

À direita. Eletrômetro para medição da carga eletrostática, observando-se a força com que duas lâminas de ouro se repelem quando carregadas; desenhado em 1787.

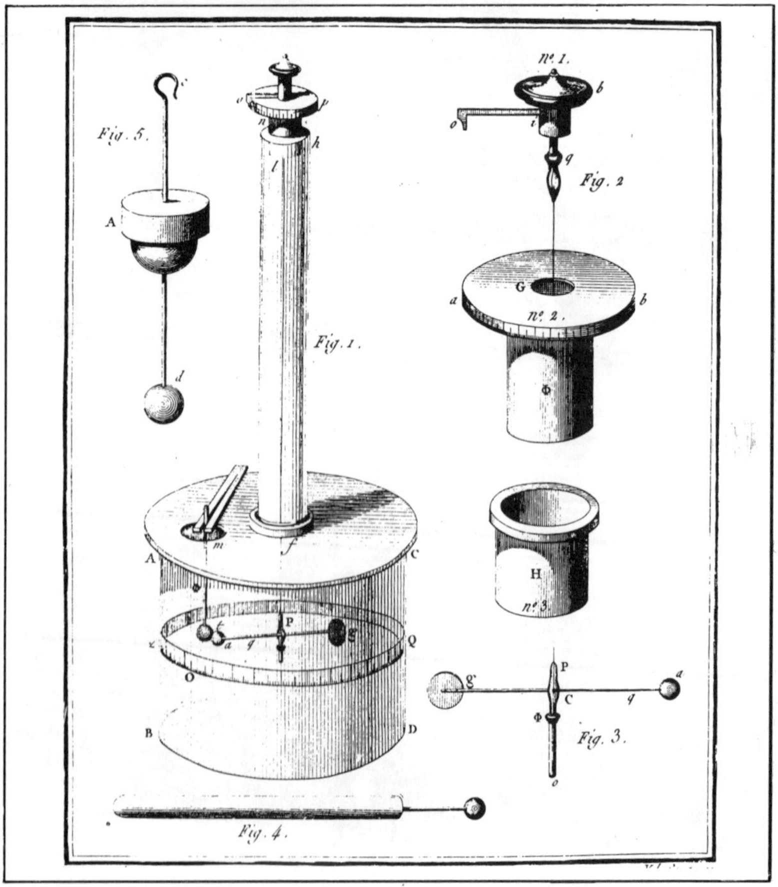

À direita. Balança de torção de Charles Coulomb, de seu *Memórias sobre eletricidade e magnetismo,* 1785-1789. Esse aparelho permitia medições precisas de cargas magnéticas e elétricas.

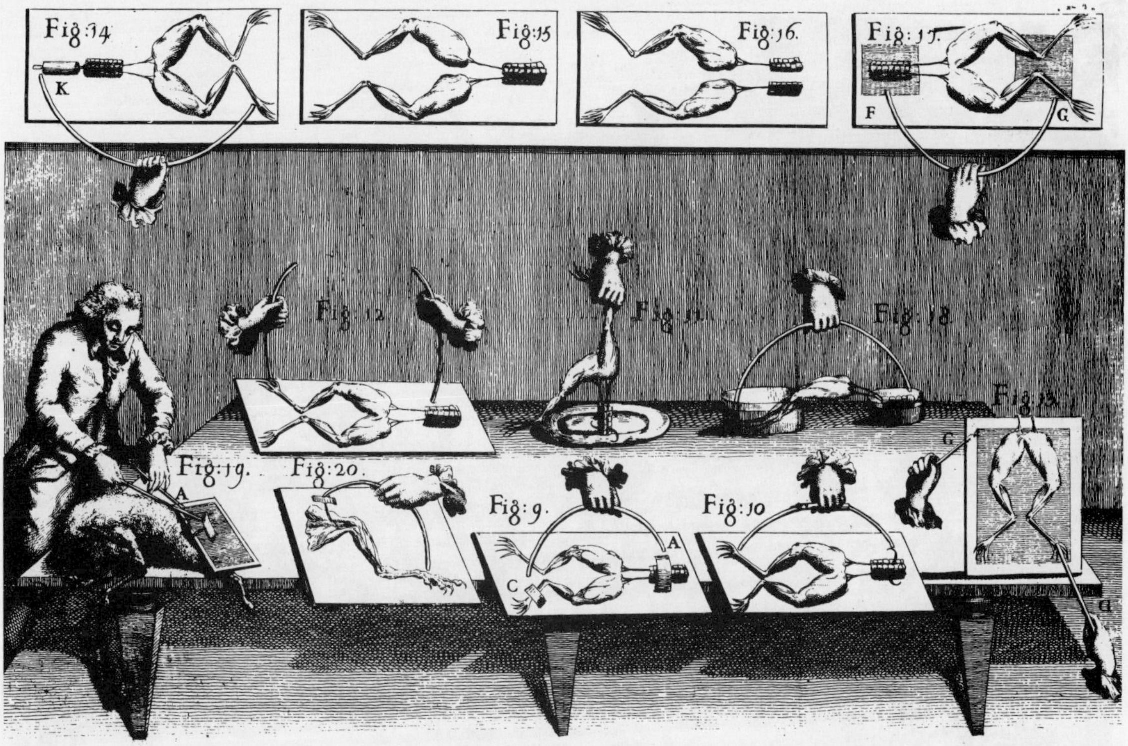

Acima. Experiências com "eletricidade animal", tal como publicadas por Luigi Galvani (1737-1798) em *De viribus electricitatis in motu musculari commentarius,* 1791.

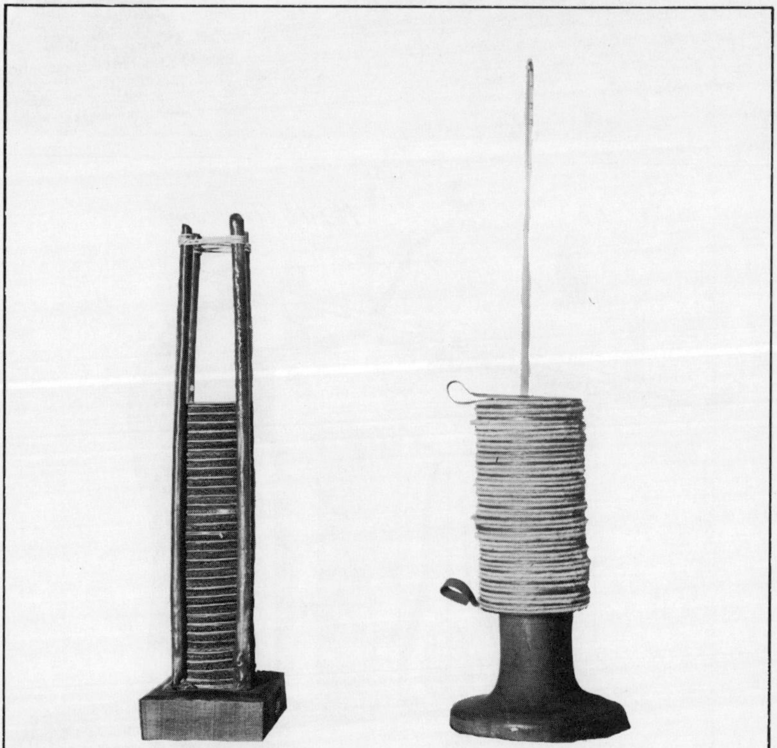

À esquerda. Duas "pilhas voltaicas". A descoberta por Alessandro Volta (1745-1827) de que a eletricidade podia ser gerada continuamente por essas "pilhas" feitas de camadas alternadas de cobre, zinco e papelão foi um importante passo à frente no estudo da eletricidade. Museo Nazionale della Scienza e della Tecnica Leonardo da Vinci, Milão.

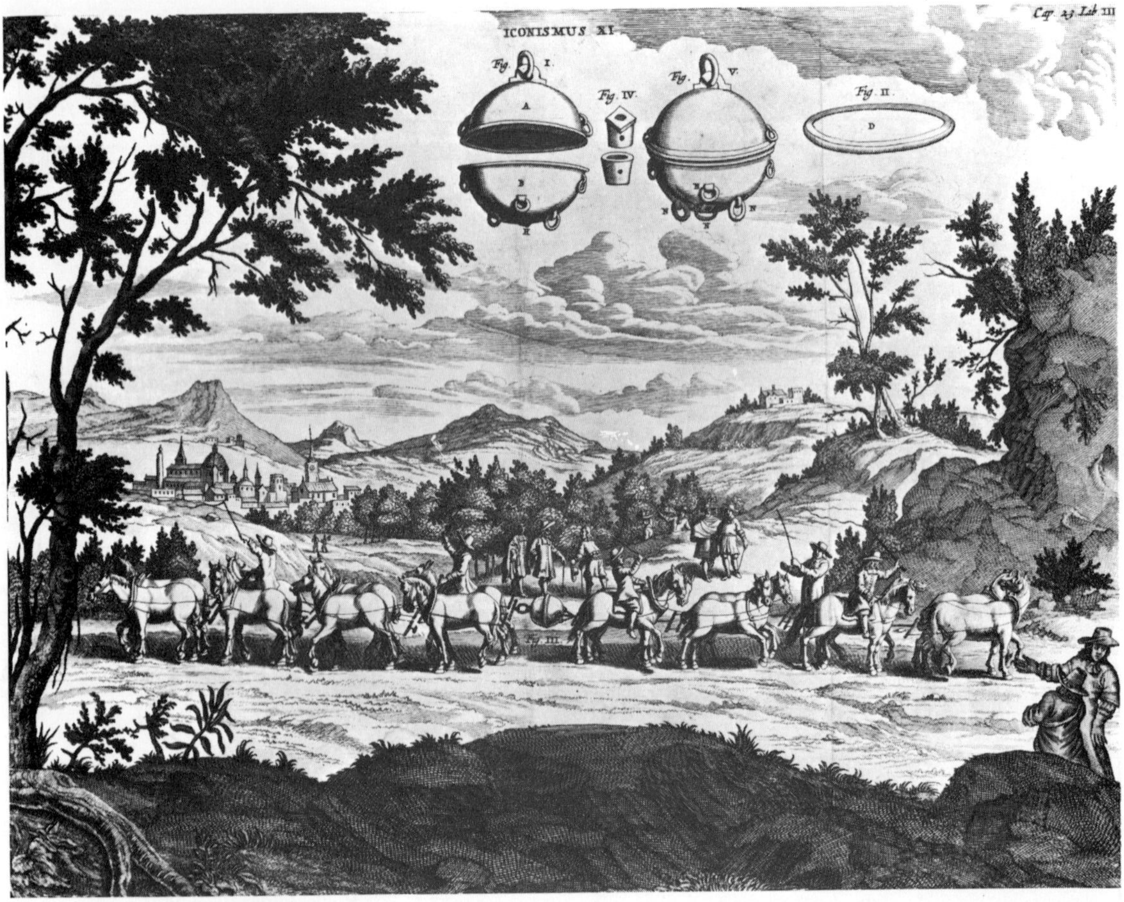

Acima. A experiência de Otto von Guericke para demonstrar a força do vácuo, usando dois hemisférios de cobre, dos quais se havia retirado o ar. De seu *Novas experiências*, 19672.

À direita. Experiência, de meados do século XVIII, de evacuar um jarro em forma de sino por meio de uma bomba de ar a fim de investigar o efeito do vácuo sobre um animal.

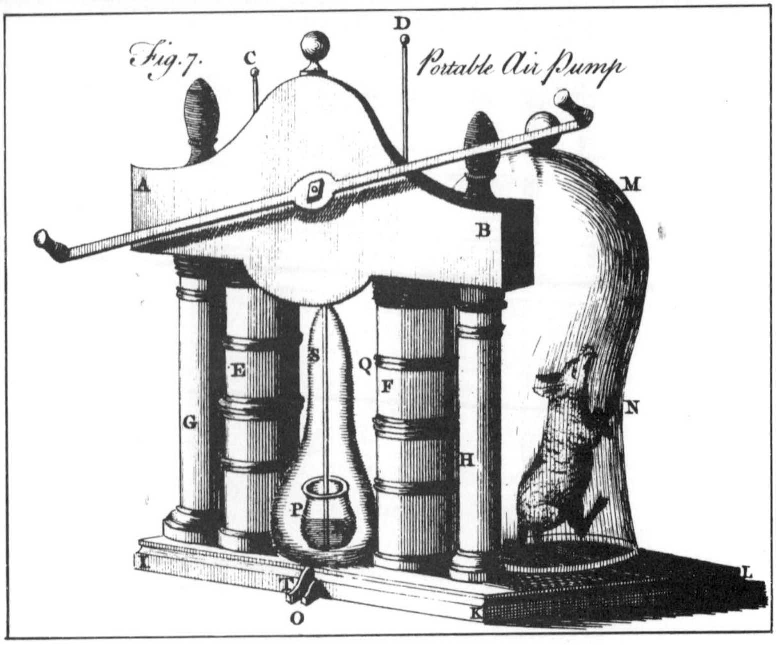

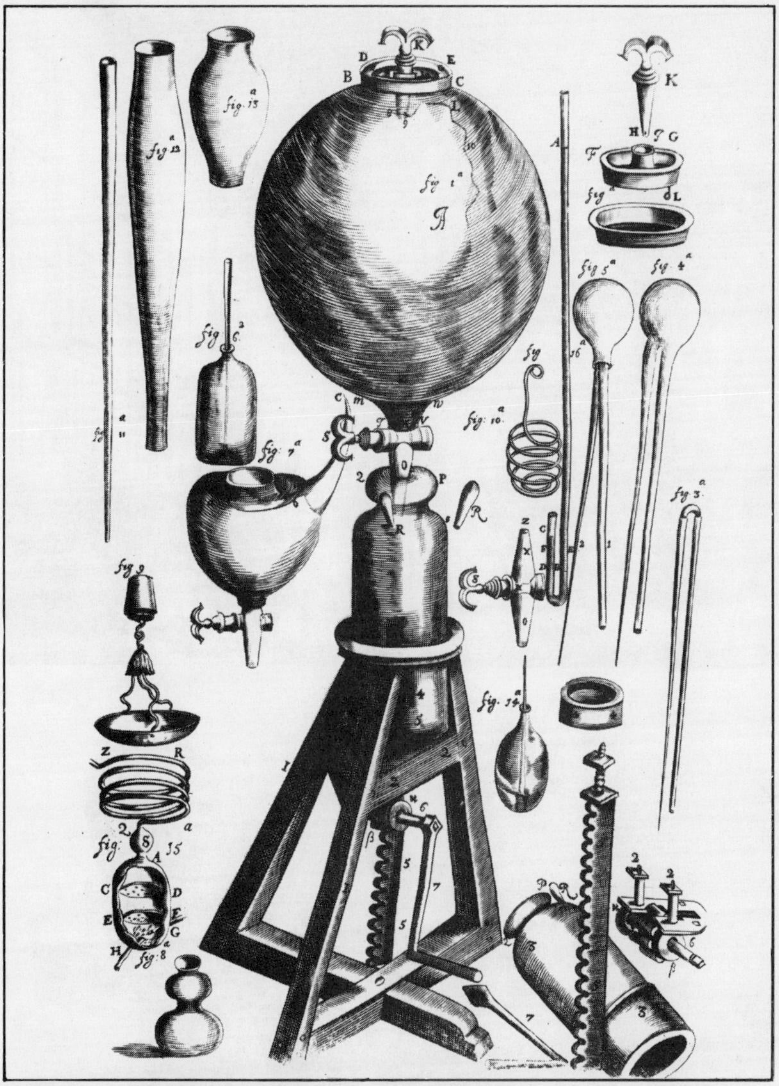

À esquerda. **Bomba de ar construída por Robert Boyle e Robert Hooke para criar vácuo. Do livro de Boyle, *Novas experiências físico-mecânicas, tocando a mola do ar,* 1660.**

À esquerda. **Laboratório químico do final do século XVII.**

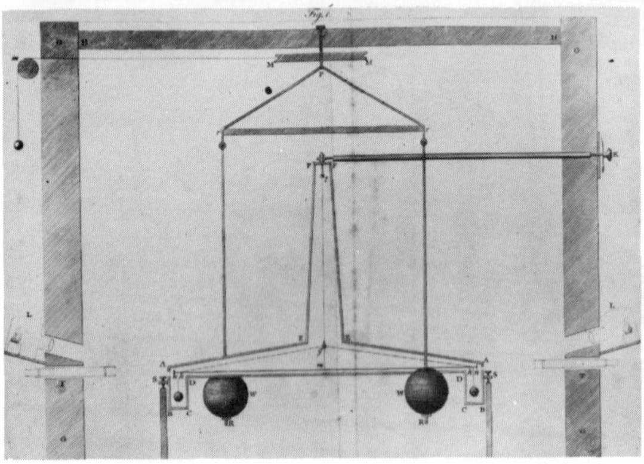

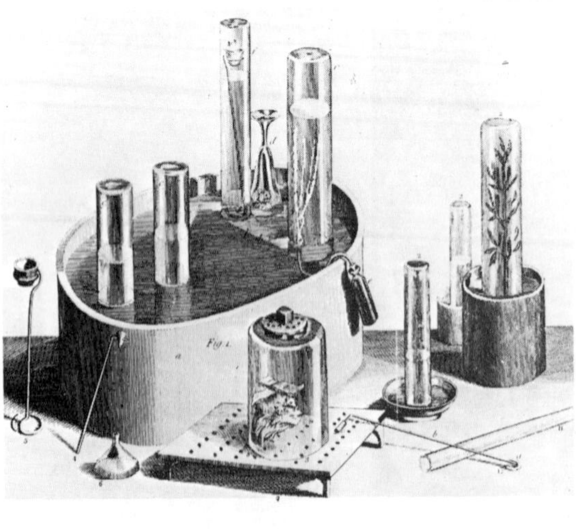

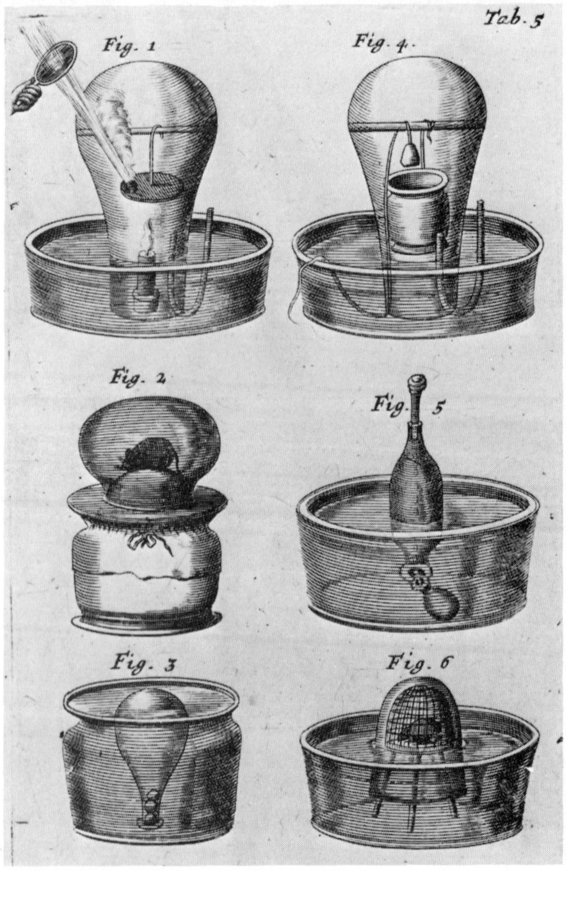
Tab. 5
Fig. 1
Fig. 4.
Fig. 2
Fig. 5
Fig. 3
Fig. 6

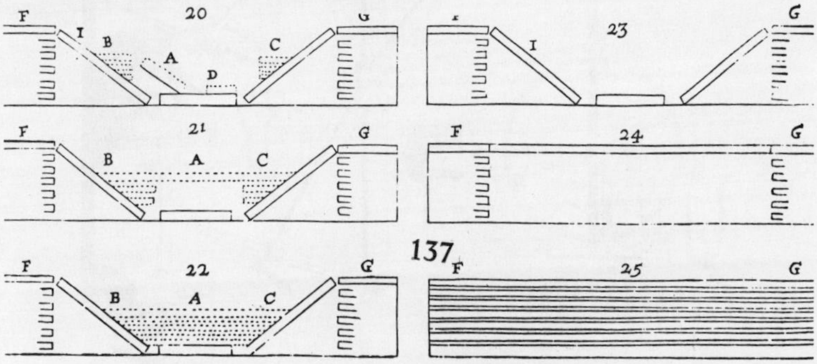

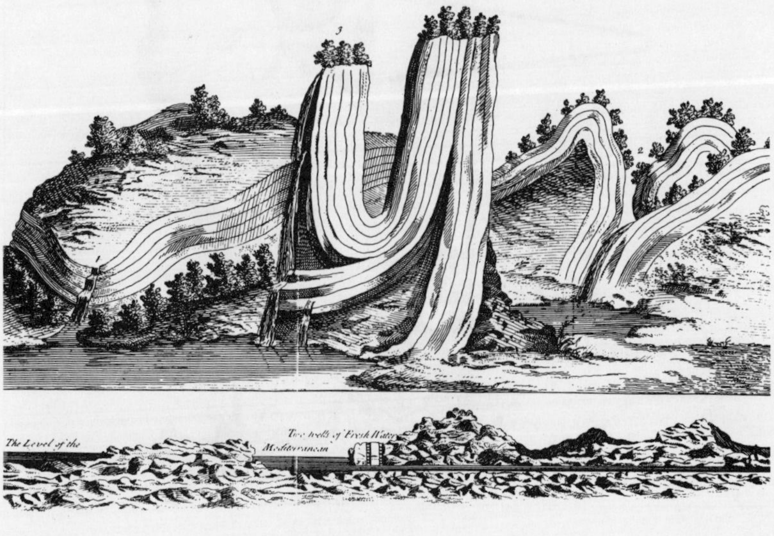

Acima, à esquerda. Antoine Lavoisier. Acima, seu aparelho para a investigação do oxigênio.

À esquerda, no centro. Exemplos de dobramento de estratos de rocha, do *Pródomo*... de Niels Stensen, 1671.

À esquerda. A formação de aspectos geológicos pelo dobramento dos estratos. De *A exibição da natureza,* 1740.

Página oposta. À esquerda, no centro: em 1798, Henry Cavendish imaginou este aparelho para determinar a densidade da Terra; *abaixo, à esquerda:* tina pneumática de Joseph Priestley para isolamento de "ares"; *abaixo, à direita:* aparelhos de John Mayow para coletar gases sobre a água; *acima,* laboratório químico do século XVIII, extraído do *Commercium philosophio-technicum,* de W. Lewis, 1763.

À direita. Peixe fóssil, do livro de Peter Wolfant *Historiae naturalis*... 1719.

À direita. Microscópio de Robert Hooke *(embaixo)*, junto com outros aparelhos por ele desenhados, inclusive barômetro *(em cima, à esquerda)* e máquina de polir lentes *(em cima, à direita)*. De seu livro *Micrographia,* 1665.

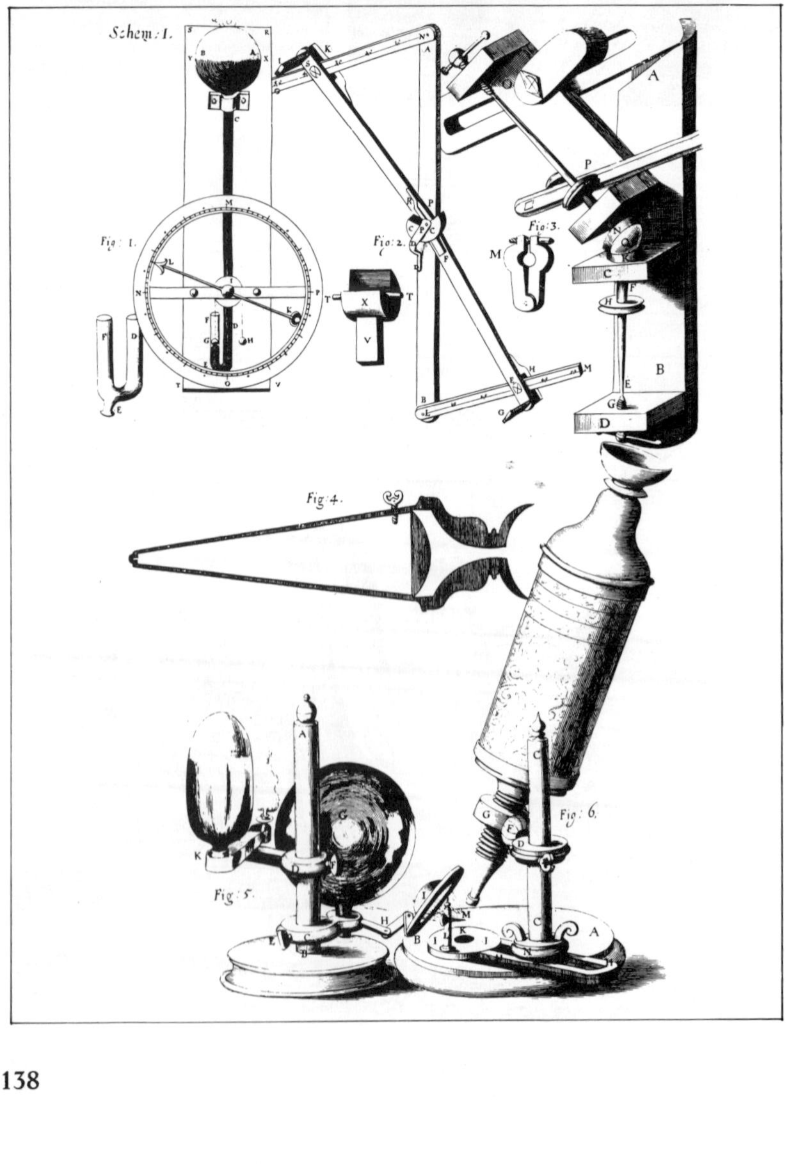

Página oposta. Visão de Hooke de uma urtiga através de um microscópio, junto com uma peça de aveia selvagem e um desenho de seu higrômetro. Do *Micrographia.*

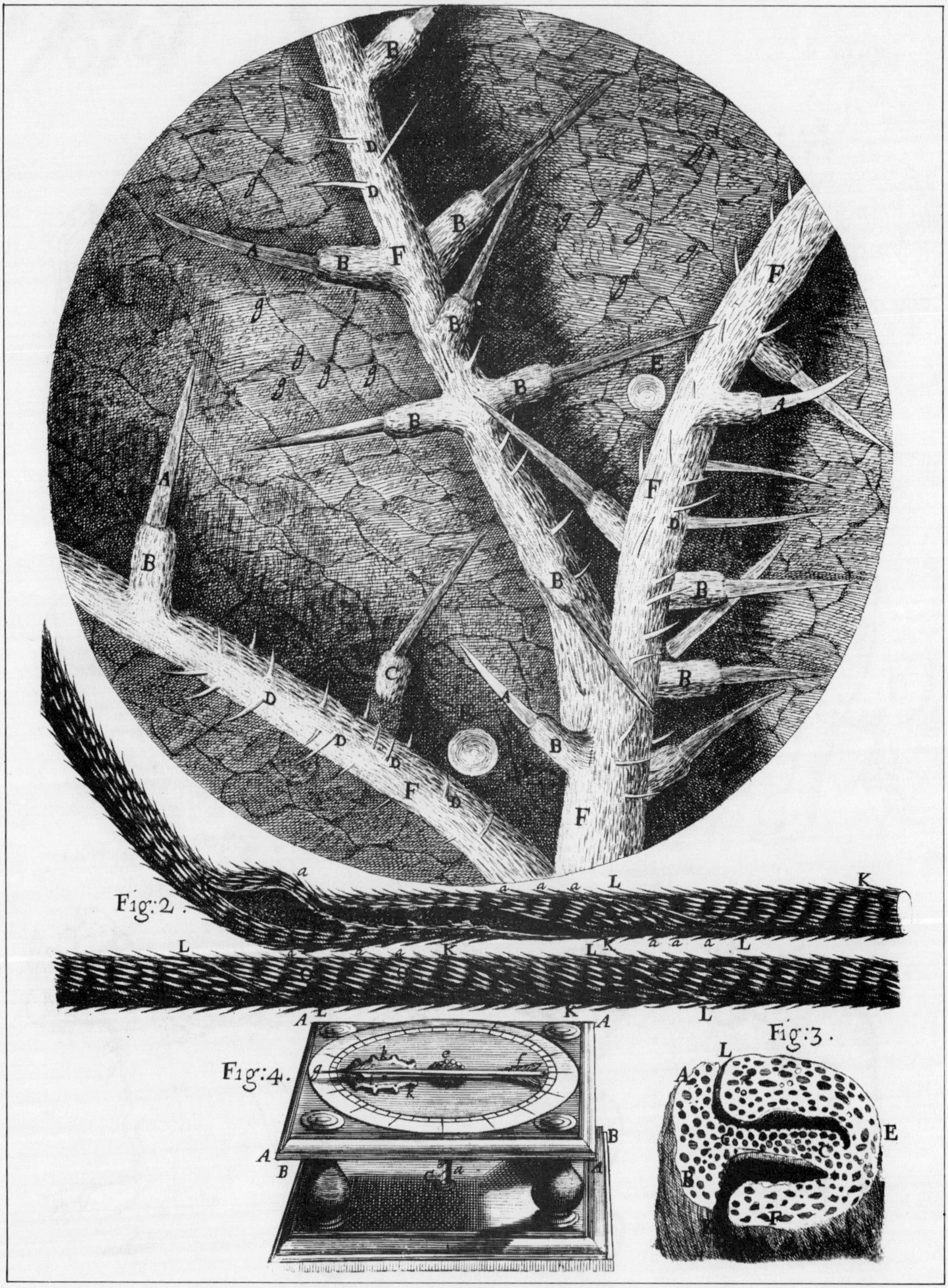
Fig:2.
Fig:3.
Fig:4.

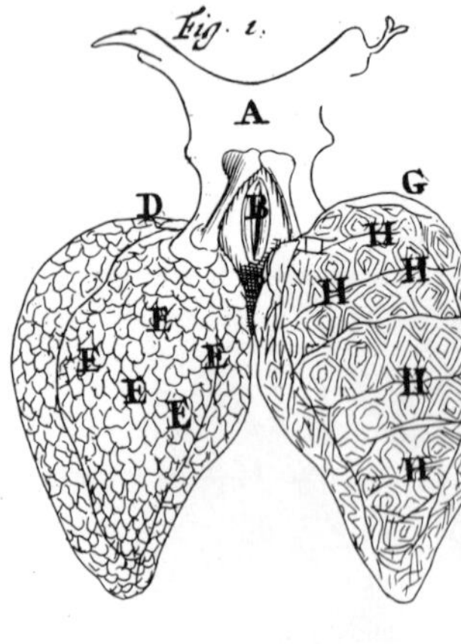
Fig. 1.
A
B
D
G
E
H

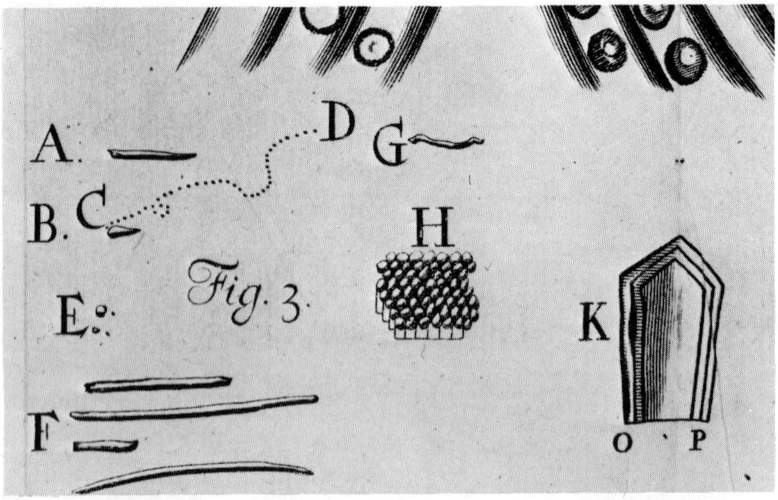
A.
B.
C
D
G
H
E
Fig. 3.
K
F
O
P

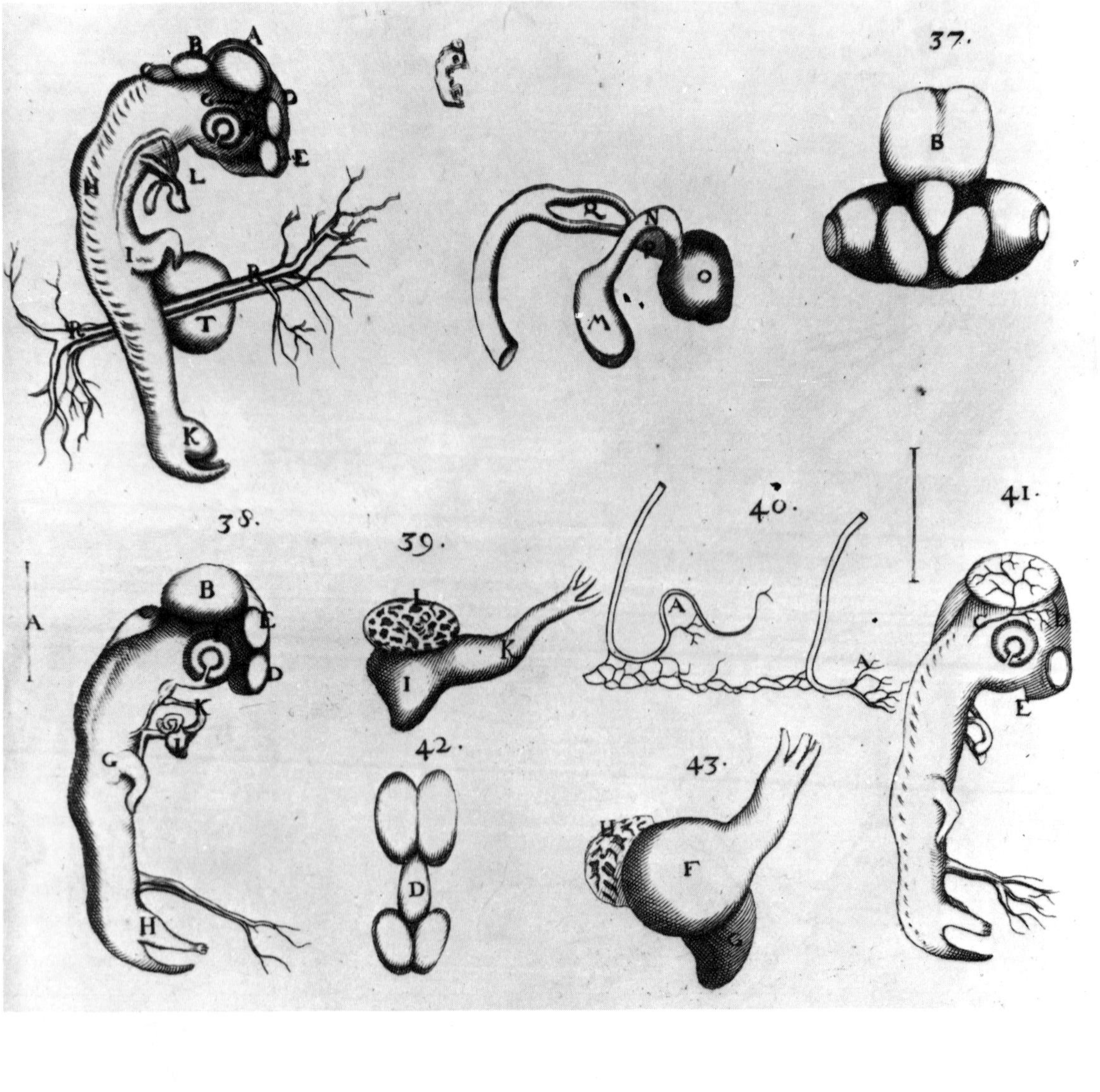
37.
38.
39.
40.
41.
42.
43.

Página oposta, acima, à esquerda. Desenho dos capilares sanguíneos dos pulmões de uma rã, por Marcello Malpighi.

De seu *Opera omnia,* 1687; *acima, à direita:* a primeira representação de bactérias, tiradas por Leeuwenhoek raspando o espaço entre os dentes. Publicado no *Negócios Filosóficos* da Royal Society, 1684; *abaixo:* desenhos do desenvolvimento do pinto em um ovo, por Malpighi. Do apêndice de seu *Anatomia das plantas,* 1675.

À esquerda. Anton van Leeuwenhoek (1632-1723).

Abaixo. Microscópio de Leeuwenhoek, com um tubo de ensaio no qual se podia colocar um espécime. De seu *Arcana naturae delecta,* 1722.

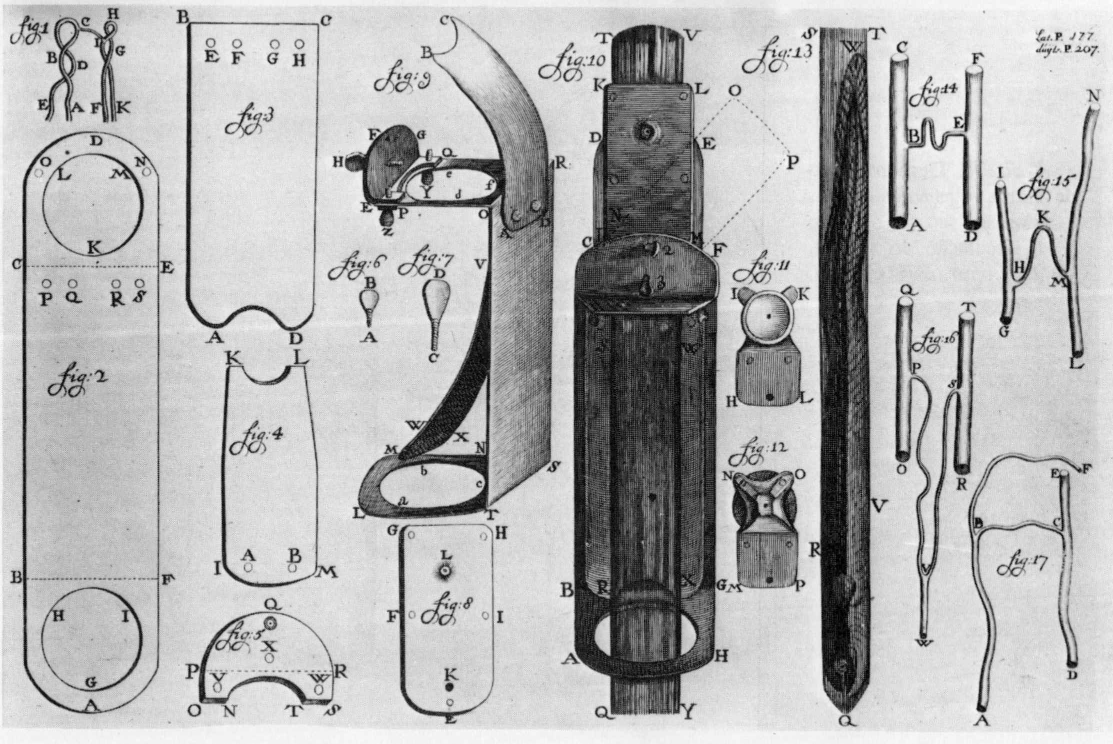

À direita. Retrato de William Harvey (1568-1657), pintado por volta de 1627. Galeria Nacional de Retratos, Londres.

À direita. Demonstração de Harvey das válvulas nas veias, de seu livro sobre a circulação do sangue, *De motu cordis,* 1628.

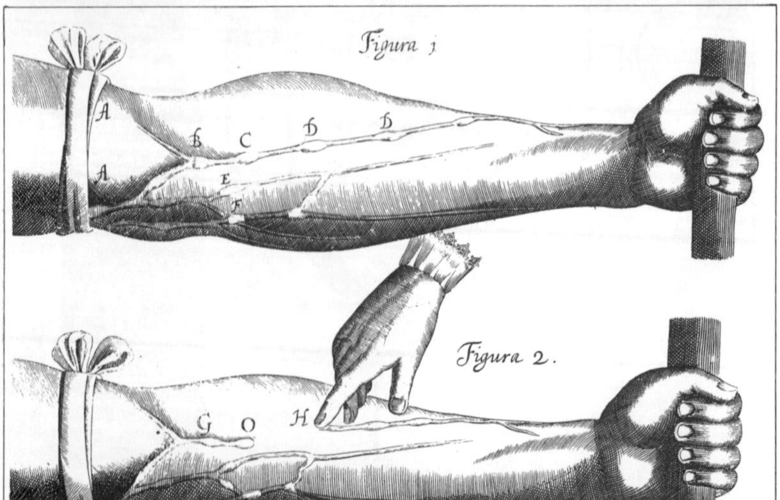

À esquerda. Carl von Linné, ou Lineu (1707-1778), em trajes da Lapônia; ele fez uma visita botânica a essa região em 1732.

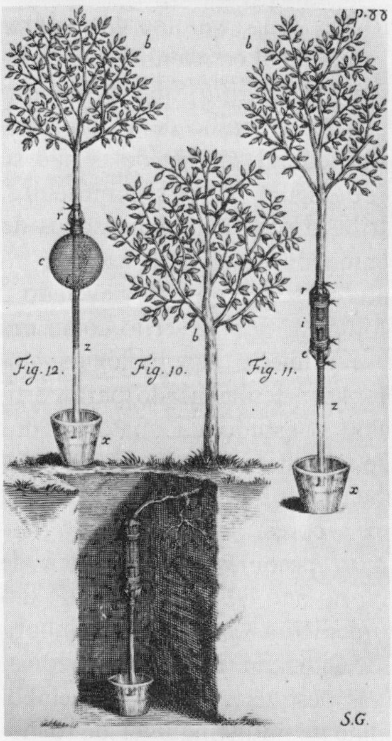

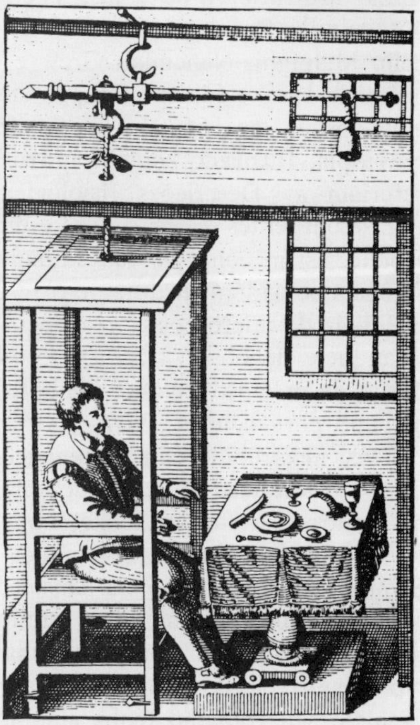

Extrema esquerda. Métodos de investigação da pressão da seiva e seu movimento, imaginados por Stephen Hales. De seu livro *Estática vegetal,* 1727.

À esquerda. Santorio Santorio (1561-1636) em sua "cadeira de pesar", na qual podia comer e dormir. Usou-a para as primeiras experiências sobre metabolismo. De seu livro *Ars de statica medicina,* 1711.

Como Werner, estava interessado nos processos em andamento, mas sua concepção era diferente. Não levou em consideração a crença geral em uma inundação universal, nem invocou quaisquer catástrofes como responsáveis pelo modo como pensava ser a crosta da Terra; em vez disso, sugeria um contínuo processo de mudança. Pensava que as forças em operação na crosta eram cíclicas; primeiro, houve a ação da erosão, a qual transportou um material gradualmente acumulado; em seguida, veio um período de consolidação, depois uma expansão devida ao calor, seguida por uma elevação de material, depois da qual a erosão tornou a se manifestar. Em tudo isso Hutton estava correto, embora as razões que tenha dado para a consolidação, a expansão e a elevação não o estivessem. Não obstante, seu livro foi importante, pois, ao produzir uma teoria que tratava de tudo numa base de mudança cíclica gradual, ele introduziu um panorama inteiramente novo para a geologia. No século XIX, isso provaria ter a maior significação.

Ciência biológica

Microscopia

A invenção do microscópio trouxe uma nova dimensão para as ciências biológicas, e, embora seus resultados não tenham sido tão espetaculares quanto os obtidos pelo telescópio aplicado pela primeira vez à astronomia, eles, da mesma forma, foram bastante surpreendentes. Para começar, no século XVII, vários "novos filósofos" utilizaram o novo instrumento nos estudos biológicos; os mais notáveis dentre eles foram Robert Hooke, Jan Swammerdam, Marcello Malpighi, Nehemiah Grew e Anton van Leeuwenhoek. A pesquisa de Hooke foi apresentada em seu *Micrografia,* que, publicado em Londres, em 1665, foi o primeiro grande trabalho devotado à microscopia. Ilustrado com 37 gravuras de cobre, só três delas não se referiam a "Descrições fisiológicas de alguns corpos minúsculos, feitas com lentes . . ."; o livro é um tributo aos talentos artísticos de Hooke, assim como ao seu cuidado como observador, e exerceu influência considerável durante o restante do século por ter revelado a utilidade do microscópio na ciência biológica. Bem descrito como um "banquete de observações", continha o primeiro uso biológico moderno da palavra "célula" (embora Hooke a tenha usado para cortiça, não para células "vivas"), e iniciou o estudo da anatomia dos insetos, mostrando, com algum detalhe, o olho múltiplo da mosca e dando a descrição do ferrão de uma abelha. O livro também divulgou os pontos de vista de Hooke sobre luz e cores.

Ilustrações às páginas 138, 139

Sobre estes ver página 111

Mais detalhada e sistemática foi a pesquisa microscópica de Swammerdam. Nascido em Amsterdam, no ano de 1637, filho de um farmacêutico, Swammerdam estudou medicina em Leyden, embora não haja evidência de que tenha se dedicado à prática médica. No entanto, ele de fato realizou algumas pesquisas nessa área, embora nisso seu trabalho tenha sido totalmente indistinguível do panorama geral de sua época; não esboçou qualquer orientação própria importante. Hoje em dia, Swammerdam é lembrado por seu trabalho com insetos; foi o primeiro a realizar uma dissecação sob microscópio e escreveu a respeito dos detalhes anatômicos de abelhas, vespas, formigas, mosquitos, libélulas e efeméridas, e fez estudos comparativos desses seres. Declarava que os insetos não eram menos perfeitos que os animais maiores — ponto de vista em total oposição a Aristóteles e sua escala da natureza — e mostrou que o desenvolvimento de um inseto alado era essencialmente um problema de crescimento e mudança de forma. Swammerdam tentou também fazer uma classificação dos insetos, dividindo-os entre os que se desenvolviam diretamente, sem transformação, os que gradualmente adquiriam asas, os que as adquiriam durante a fase larvar e os que passavam pelo estágio de ninfa. No entanto, embora a maior parte de seu tempo tenha sido dedicada aos insetos, Swammerdam conseguiu realizar algumas outras pesquisas biológicas; descobriu os corpúsculos vermelhos no sangue das rãs, cujos métodos de reprodução ele estudou em detalhes, e verificou também que se um nervo é cortado e se estica sua extremidade, o músculo correspondente pode contrair-se, mas, ao fazê-lo, não aumenta de volume. Isso foi significativo; esse fenômeno ocorria porque nenhum fluido passara do nervo para o músculo, contrariamente à crença, então universal, de que os nervos fossem ocos. A pesquisa microscópica de Swammerdam pôs fim a esse mito.

Sobre a "escada das almas" de Aristóteles, ver volume I, páginas 113-114; sobre uma alternativa chinesa, ver volume II, página 19.

O trabalho de Swammerdam só foi parcialmente publicado durante sua vida. Sua *História geral dos insetos* surgiu em 1669 e sua *Vida efêmera* — livro sobre as efeméridas —, em 1675, cinco anos antes de sua morte. No entanto, não foi senão quase cinqüenta anos depois que a maior parte de sua pesquisa apareceu, quando o cientista holandês Hermann Boerhaave a publicou, entre 1737 e 1738, sob o título *Bíblia da natureza.* Ter seus trabalhos publicados postumamente não foi, porém, o destino dos outros três grandes microscopistas do período. Marcello Malpighi, nascido em Bolonha no ano de 1628, era, como Swammerdam, médico e usou o microscópio tanto na pesquisa médica quanto em estudos que fez sobre embriologia, nos quais examinou, em particular, o desenvolvimento do pinto. Malpighi observou todas as espécies de tecidos, descobriu finos vasos "capilares", nos quais verificou que o sangue corria apenas das artérias para as veias, e, em sua pesquisa com os pintos, observou estágios de desenvolvimento muito primitivos, nunca antes observados. Nehemiah Grew orientou seu trabalho microscópico para as plantas, e seus estudos demonstraram haver diferenças sexuais entre algumas delas, fato apontado previamente, mas nunca confirmado. Ele reconheceu que os estames, que conduzem o pólen, são os órgãos masculinos; descreveu com detalhes sua ação na reprodução das plantas.

Ilustrações à página 140

De todos os microscopistas pioneiros, não há dúvida de que o maior foi Anton van Leeuwenhoek, cujo trabalho envolveu a última metade do século XVII e as primeiras décadas do século XVIII.

Nascido em 1632 na cidade de Delft, passou ali a maior parte da vida, ocupando diversos cargos na municipalidade. A microscopia era um interesse das horas vagas. Leeuwenhoek construía seus próprios microscópios, desenvolvendo-os com as lentes usadas nos negócios de tecidos (seu primeiro sogro era comerciante de tecidos); sua técnica de polimento das lentes aumentava a eficiência de seus instrumentos. No museu da Universidade de Utrecht ainda existe um de seus microscópios de uma só lente de cristal; tem o impressionante poder de ampliar 270 vezes e, com ele, podem-se observar detalhes de até 1,5 milésimo de milímetro; no entanto, parece que ele construiu microscópios ainda mais poderosos. Eram todos pequenos instrumentos, mantidos próximo ao olho, com o espécime a ser examinado colocado sobre um suporte, também muito próximo das lentes, mas o fato de estarem livres de grandes aberrações cromáticas permitiu que Leeuwenhoek avançasse consideravelmente em matéria de conhecimento.

Ilustração à página 141

Seus interesses abarcavam diversos campos. Como Malpighi, estudou o sangue, confirmando-lhe os resultados, mas notou a existência de corpúsculos vermelhos no sangue de um girino e, depois, em seu próprio. Investigação posterior mostrou-lhe que eram redondos no sangue do homem e dos mamíferos, mas ovais nos peixes e aves, e foi capaz até de detectar o pequeno núcleo existente nos ovais. Leeuwenhoek se aventurou também na embriologia, observando os espermatozóides e fazendo os primeiros desenhos deles e observando as diferenças entre os do homem e os do cão.

Em seguida, levou algum tempo estudando os protozoários, esses diminutos animais unicelulares encontrados na água doce, nos oceanos e no solo úmido, notando seu desenvolvimento e observando, por exemplo, a reprodução de uma hidra através do processo de divisão. Leeuwenhoek concentrou também sua atenção nos insetos, observou o ciclo de vida da pulga do estágio larvar em diante, estudou pulgões e a maneira como produzem seus filhotes e verificou também que a cochonilha, muito usada como corante, era composta de corpos de insetos. Foi também Leeuwenhoek quem realizou o primeiro exame microscópico do fermento, descobriu a bainha que envolve as fibras nervosas, e, em 1683, depois de examinar fragmentos obtidos através da raspagem do espaço compreendido entre os dentes, notou a presença de minúsculos bastonetes a que mais tarde se referiu, deliciosamente, como a "flora da boca". Essas foram as primeiras observações de bactérias jamais feitas. Não há dúvida, então, de que Leeuwenhoek foi um microscopista de extraordinária habilidade, mas sua técnica era muito própria e não teve sucessores. Só depois da fabricação do microscópio acromático composto, em 1830, é que a microscopia de fato conseguiu novamente algum progresso notável.

Ilustração à página 140

Botânica, zoologia e medicina

Três progressos particularmente notáveis realizaram-se nesses campos durante os séculos XVII e XVIII: um deles foi a aplicação da física à botânica e, depois, aos animais, inclusive o homem; o segundo foi a procura de uma nova e melhor classificação das plantas e animais, estudo que levou alguns de seus investigadores a se aproximarem da teoria da evolução; o terceiro e último foi o estudo da anatomia humana e animal. Os três estavam interligados de uma forma ou de outra.

O pioneiro na aplicação das leis da física newtoniana ao reino vegetal foi Stephen Hales (1677-1761). Hales foi o sucessor natural de Grew e Malpighi, que procuraram um paralelismo entre os comportamentos das plantas e dos animais, de vez que ambos subscreviam a crença de que a flora e a fauna eram ambas "invenções da mesma sabedoria", trabalhos do mesmo Deus. Hales foi um clérigo que conduziu sua pesquisa em seu tempo de folga e só publicou suas descobertas quando tinha cerca de cinqüenta anos, conquanto, quando elas apareceram, sua importância tenha sido imediatamente reconhecida. Surgiram em seu livro *Estática vegetal,* publicado em 1727, embora então ele já tivesse feito um relato de parte de seu trabalho à Royal Society. O livro se referia a suas experiências físicas sobre a pressão da seiva e a passagem da água através de uma planta, bem como a investigações sobre a "transpiração" através das folhas. Contínha igualmente a sugestão de Hales de que é através das folhas que as plantas "(...) retiram do ar parte de sua nutrição", e também que "uma função importante das folhas é (...) executar, em algum grau, a mesma função, para apoio da vida vegetal, que os pulmões de animais executam em benefício da vida animal". No entanto, ele estava preparado para ir mais longe; depois de descrever experiências mostrando o modo preciso pelo qual as folhas se expandem enquanto crescem, ele observou: "Será que a luz, ao entrar livremente nas superfícies expandidas das folhas e das flores, também não contribui para os princípios enobrecedores dos vegetais?" O trabalho de Hales não teve paralelo; seu único predecessor foi Van Helmont, que plantou uma árvore em um pote, pesou-a, regou-a (medindo o peso da água usada) e continuou pesando a árvore de tempos em tempos, numa série de experiências que o levou à conclusão de que era a água, exclusivamente, que nutria a vida das plantas. O trabalho de Hales foi mais produtivo, e a *Estática vegetal* constituiu realmente o estudo pioneiro da fisiologia das plantas. Não teve seqüência, porém, antes do século XIX.

Ilustração à página 143

No que se refere à anatomia humana e animal, esta sofreu uma revolução no princípio do século XVII, como ocorreu com toda a ciência médica subseqüente, pela descoberta, por William Harvey, da circulação primária do sangue. Harvey (1578-1657) foi para Cambridge quando tinha quinze anos a fim de estudar artes e medicina, de lá saindo em 1599 para ir a Pádua completar seus estudos de medicina. Lá estudou sob a orientação de Fabricius e talvez tenha conhecido Galileu. Retornou à Inglaterra em 1602, estabeleceu em Londres uma bem-sucedida carreira como médico e incluía Francis Bacon entre seus pacientes. Em 1609, foi indicado médico do famoso Hospital de São Bartolomeu e, em 1615, conferencista de anatomia no Colégio Real de Médicos. Em 1616, ano da morte de Shakespeare, ele deu início a uma série de conferências no Colégio Real, nas quais esboçou sua teoria da circulação, embora seu livro *Sobre o movimento do coração e do sangue* não tenha surgido antes de 1628. Em 1618, foi designado um dos médicos extraordinários de Jaime I e, em 1632, de Carlos I, depois da rendição do rei, viveu retirado em Londres, tendo seus manuscritos, desenhos e coleção anatômica sofrido ação de vândalos durante a Guerra Civil.

A descoberta de Harvey sobre a circulação deveu-se a uma longa série de observações. Em primeiro lugar, observou como o coração se endurecia ao se contrair, o que o fez considerá-lo um músculo. Em seguida, descobriu que a dilatação das artérias quando o órgão se contraía devia-se ao fato de o coração forçar o sangue para dentro delas (antes pensara em uma ação independente por parte das próprias artérias), e suas observações do batimento mais lento do coração dos animais levaram-no a se convencer de que o coração não bate como um todo. Observou a ação das válvulas entre as câmaras superior e inferior e então verificou que o fluxo do sangue se dá continuamente em uma só direção. Enfrentou o problema em termos quantitativos, notando que, embora o coração só comportasse 60 gramas de sangue, como ele bate uma média de 72 vezes por minuto, o ventrículo esquerdo deve bombear 60 × 72 × 60 gramas de sangue por hora na artéria principal, ou aorta. Isso totalizava cerca de 250 quilos por hora, ou três vezes o peso de um homem médio. Harvey declarou que as veias não podiam suprir tal quantidade de sangue nesse tempo. Então perguntou a si mesmo se o sangue não se moveria em círculo, e, finalmente, repetiu uma experiência de seu ex-professor, Fabricius, mostrando que as válvulas nas veias só permitiam que o sangue se movimentasse em um sentido. Isso, pensou, encerrava sua teoria.

Ilustração à página 142

A descoberta de Harvey foi um brilhante raciocínio baseado na observação, mas, na época em que ele publicou seus resultados, ainda não sabia de que modo as extremidades das artérias se uniam às das veias: foi Malpighi, com seu microscópio, quem descobriu esse importante elo. Mais tarde, outros anatomistas fizeram novas descobertas correlatas, que ajudaram a esclarecer a função dos órgãos envolvidos no suprimento de sangue. A descoberta de Harvey foi também aplicada, naturalmente, tanto aos animais quanto aos homens. Marco Severino, professor de anatomia e cirurgia em Nápoles, usou-a em seu livro *Anatomia animal democritiana,* de 1645, o primeiro trabalho realmente abrangente na área da anatomia comparada, onde reconhecia semelhanças estruturais entre o homem, macacos e mamíferos em geral. Essa posição foi seguida, por exemplo, por Edward Tyson, que foi o primeiro anatomista na Inglaterra a fazer uma dissecação anatômica comparada; a prova que ele apresentou foi útil, embora tenha concluído em sua *Anatomia do pigmeu macho* (1699) — útil pela descrição dos nervos cranianos — que o pigmeu era um chimpanzé imaturo.

No século XVIII, uma concepção mecânica da circulação harveiana foi adotada por Stephen Hales, que estudou a pressão sanguínea no homem e nos animais, mas a figura mais importante do século a aplicar o novo conhecimento no campo da anatomia, comparada ou de qualquer outro tipo, foi o cirurgião escocês John Hunter (1728-1783). Pioneiro em adotar uma atitude mais científica na cirurgia — antes de sua época ela era praticada na base da tentativa e erro — e um dos maiores cirurgiões praticantes de todos os tempos, ele inventou novos métodos cirúrgicos, dentre eles uma nova técnica para lidar com intumescência local em uma artéria — até então ainda estava em uso um método do século II d.C. Mas os interesses de John Hunter eram muito amplos e se espalhavam para além das fronteiras da prática cirúrgica normal, pois ele teve grande interesse por cada tipo de criatura viva. Escreveu sobre os órgãos elétricos de certos peixes, a estrutura das baleias, os sacos de ar dos pássaros e abelhas, e estudou a temperatura de uma ampla quantidade de animais. E, com o correr dos anos, reuniu uma vasta coleção de cerca de 14 000 espécimes animais que, em 1795, doze anos depois de sua morte, foi adquirida pelo Estado e transferida para o futuro Colégio Real de Cirurgiões, para sua preservação. Hunter ainda exerceu grande influência não apenas na cirurgia, mas também no desenvolvimento posterior das ciências zoológicas. Antes, porém, de continuar mencionando as principais tendências da zoologia do século XVIII, há outro aspecto da medicina desse período que deve ser tratado — a prática da vacinação.

Na Europa Ocidental, a vacinação começou a se difundir após a defesa desse método feita por Lady Mary Wortley Montagu, esposa do embaixador britânico na Turquia. Enquanto estava em Istambul, Lady Mary ouviu falar dessa prática e concordou em que seu filho de seis anos fosse vacinado contra varíola; ao regressar à Inglaterra, em 1718, começou uma campanha para promover a vacinação. Conseguiu algum sucesso; em 1721, o príncipe de Gales (futuro Jorge II) expediu instruções para que alguns criminosos condenados fossem vacinados, e, quando essa tentativa deu certo, as duas jovens princesas Amélia e Carolina foram tratadas de modo a que ambas "tivessem a doença favoravelmente". No entanto, apesar do êxito desse método, que consistia em dar ao paciente uma pequena dose de febre para afastar uma pior mais tarde, a vacinação só era praticada esporadicamente, e não foi profundamente estudada até a década de 1780. Então, Edward Jenner, um dos discípulos de John Hunter, que se dedicara à prática da medicina em Berkeley, Gloucestershire, decidiu investigar o assunto. Em 1768, um médico de Suffolk, Robert Sutton, inventara uma técnica ligeiramente melhorada que fizera reviver o anseio pela vacinação, e Jenner se viu solicitado a realizá-la. Ao fazê-lo, descobriu que alguns pacientes pareciam ser totalmente resistentes à moléstia e, inquirindo-os, soube que tinham contraído varíola bovina a partir das tetas das vacas durante a extração do leite. Descobriu também que era crença corrente entre leiteiros que, contraindo varíola bovina, a pessoa ficava livre de ser contagiada pela varíola humana, embora os médicos locais não acreditassem nessa hipótese. Não obstante, uma investigação cuidadosa levou Jenner à conclusão de que a crença local era válida, e, em maio de 1796, vacinou um menino de oito anos com material apanhado da pústula de varíola bovina de uma vaca. Em julho, o menino foi vacinado com varíola humana, sem efeito algum. Em 1796, Jenner publicou, às suas próprias custas, um livro de 75 páginas intitulado *Uma investigação sobre as causas e efeitos da vacina contra a varíola,* no qual descrevia 23 casos detalhados. A repercussão do livro foi enorme; a prática da vacinação espalhou-se com velocidade impressionante, e quando Jenner descobriu que a linfa tirada das pústulas da varíola podia ser secada e armazenada, a vacina começou a ser enviada a longas distâncias. Ele chamou a matéria que produzia a varíola bovina de "vírus".

O último grande progresso alcançado pela ciência biológica dos séculos XVII e XVIII foi a classificação e mutação das espécies. A classificação era importante por dar um colorido à visão do naturalista sobre aquilo que tinha observado, e se era para discutir a questão da mutação e desenvolvimento das espécies, então defini-las e classificá-las era, obviamente, de importância capital. No século XVII, o naturalista John Ray, que nascera em Black Notley, Essex, em 1627, e fizera conferências em Cambridge, tentou imaginar um novo sistema de classificação. Forçado a deixar Cambridge por não querer assinar a Lei de Uniformidade da Igreja Anglicana, recebeu apoio, em seu trabalho posterior, de seu jovem contemporâneo de Cambridge, o biólogo marinho Francis Willughby.

Em 1660, Ray produziu um *Catálogo de plantas que crescem na vizinhança de Cambridge* e, mais tarde, entre 1686 e 1704, no ano anterior à sua morte, apresentou seu monumental *Relato geral sobre plantas.* Continha as descrições de cerca de 17 000 temas classificados de acordo com fruto, flor e folha, com particular atenção à característica monocotiledônea ou dicotiledônea. Mas Ray não se limitou às plantas; seu contato com Willughby estimulou-o a considerar a zoologia, e ele escreveu sobre animais (*Sinopse sobre animais quadrúpedes e serpentes,* 1693), insetos (*Relato de insetos,* 1710) e pássaros e peixes (*Sinopse sobre pássaros e peixes,* 1713). Como a maioria de seus contemporâneos, Ray acreditava que só havia uma forma correta de classificar os animais, pois ela encontraria eco no modo pelo qual estes haviam sido designados por intervenção divina, de acordo com o ambiente em que Deus planejara que iriam viver. Não obstante, ele era um observador cuidadoso e preciso, e estava ciente de que nem todos os animais se encontravam idealmente adaptados ao seu ambiente, pelo que sugeriu que devia haver na natureza uma "força plástica" destinada a mudá-los.

Ray nunca ficou convencido de haver conseguido a classificação correta. Dividiu os animais naqueles "que tinham sangue" (grupo que incluía todos os que agora chamamos de vertebrados — mamíferos, pássaros e peixes) e os "que não tinham sangue" (os invertebrados como insetos e crustáceos). Nessa base, fez certas subdivisões — os invertebrados eram classificados de acordo com o tamanho, os vertebrados, pela estrutura do coração, diferenciando-se os que tinham um par de ventrículos daqueles, como os peixes, dotados de coração

Ilustração à página 143

mais simples. Por mais engenhosos que fossem os métodos de Ray, esses não foram os adotados pelos biólogos, que preferiram o sistema imaginado por Carl von Linné, mais conhecido como Lineu (1707-1778). Este criaria três sistemas de classificação, um sobre as plantas, outro, sobre os animais e um terceiro, sobre os minerais. Seu pai era pobre, e Lineu precisou ser muito frugal enquanto estudava nas Universidades de Lund e Uppsala. Na última, ele passava muito tempo no jardim botânico, e foi nesta cidade que teve contato com um livro do botânico francês Sebastian Vaillant no qual se mencionava a sexualidade das plantas; isso o impressionou profundamente e, com uma boa biblioteca e um jardim botânico à mão, passou a tentar criar uma grande classificação das plantas, usando como base seus órgãos sexuais. Em 1732, Lineu fez uma viagem à Lapônia e depois foi a Harderwijk, na Holanda, para obter seu diploma de doutor em medicina, após o que mudou-se para a Universidade de Leyden, onde ficou por três anos. Durante sua permanência nessa universidade sua produção literária foi assombrosa; incluiu um de seus livros mais importantes, *Os gêneros das plantas,* surgido em 1737 com pequenas descrições dos gêneros de 935 plantas, embora sua obra mais significativa tenha sido *Sistema da natureza,* que apareceu em 1735 e foi o primeiro de seus livros a ser publicado na Holanda. No último, Lineu apresentou suas idéias sobre o método que deve nortear uma classificação. Consistia apenas em oito grandes folhas de tabelas, mas deveria exercer imensa influência, especialmente nas edições aumentadas e melhoradas que apareceriam no correr dos anos. A décima e última edição apareceu em 1758, e foi nesta que Lineu anunciou seu sistema binomial, ou de dois nomes, para a classificação de plantas e animais, um nome para o gênero ou característica comum, o outro, a espécie. (Assim, à família do cão é dado o nome genérico *Canis;* o lobo — *Canis lupus* — é uma espécie desse gênero, e o cão doméstico — *Canis familiaris* — é outra.) Para os animais, ele também deu um nome comum, quando apropriado. Isso era não só biologicamente correto, mas também muito útil, tanto que esse sistema é usado ainda hoje. O método para a classificação dos animais aproveitou alguns aspectos do sistema criado por Ray; Lineu também considerou órgãos específicos como critérios de classificação; os mamíferos eram classificados de acordo com os dentes; os pássaros, pelos bicos; os peixes, pelas nadadeiras, e os insetos, pelas asas, conquanto também houvesse classes distintas para os répteis e os "vermes". No final, Lineu conseguira incluir 5 897 espécies. Sua classificação dos minerais dava grande importância à estrutura do cristal, mas ele não tinha grande interesse pela composição química, e, de todo o seu trabalho, esse foi o que teve menor impacto sobre as pesquisas subseqüentes.

Homem de grande encanto, popular tanto com os estudantes como com o corpo dirigente da universidade — passou a maior parte do tempo, de 1741 até sua morte, em 1778, em Uppsala —, Lineu sempre esteve certo de que as espécies eram imutáveis. Perguntava-se, então, continuamente se seu sistema de classificação era o "verdadeiro"; era o modo pelo qual Deus havia realmente construído os reinos animal e vegetal? Pois não há dúvida de que ele acreditava que, em sua ciência, estava seguindo a obra de Deus. Na introdução das últimas edições do *Sistema da natureza,* escreveu: "Vi as costas do Deus infinito, onisciente e todo-poderoso quando Ele se foi, e fiquei tonto. Segui seus passos pelos campos da natureza e vi, em todo lugar, a sabedoria e o poder eternos, a inescrutável perfeição".

Nem todos os biólogos seguiram os passos de Lineu, e os principais dentre os rebeldes faziam parte do Iluminismo, na França. Iluminismo é o nome dado ao movimento que olhava o mundo com um novo racionalismo que, com maior ou menor alcance, cortava qualquer relação entre o mundo natural e uma continuada preocupação de Deus com ele. Começou no século XVII, quando as pessoas se tornaram mais cônscias da religião e da cultura das nações não-cristãs, devido, parcialmente, aos relatórios dos missionários enviados ao Egito, ao Sião e especialmente à China, onde foi reconhecido que havia "homens exemplares e virtuosos", embora "sem nenhuma religião real". Surgiu o conceito do "bom selvagem", que devia ser tratado como respeito e não como um rude bárbaro, e a isso estava unida a idéia de que todos os homens tinham alguma espécie de sentimento religioso implantado pela natureza: uma religião natural no lugar de uma religião revelada por Deus. Mais tarde, esse ponto de vista se juntou ao que encarava Deus mais como um arquiteto e um mecânico do que como um Pai celestial, especialmente depois da síntese de Newton em seus *Principia.* Ele tinha criado um universo que, uma vez construído, devia obedecer às leis do comportamento natural. Os milagres tornaram-se inimagináveis, a profecia bíblica, inaceitável, e as próprias Escrituras foram questionadas. Afinal, se a Terra se movia no espaço, como obviamente o fazia, então esse era um assunto sobre o qual as Escrituras estavam erradas e, se estavam erradas nisso, em que mais poderiam ser falíveis?

Sobre o jesuíta Matteo Ricci na China, ver volume II, página 9.

Na Inglaterra, a crença na "religião natural" levou a um movimento conhecido como deísmo. Em 1620, enquanto o jurista holandês Hugo Grotius esquematizava sua posição em favor de uma lei natural nas relações internacionais, Edward Herbert, diplomata, historiador, filósofo e poeta metafísico, irmão do poeta religioso George Herbert, publicou em Paris seu livro *De veritate* ("Sobre a verdade"). Herbert declarava que a "razão instruída" era o guia mais seguro para a verdade, e, embora tenha apresentado cinco idéias religiosas que são dádivas de Deus, é significativo que a revelação não seja uma delas. Se o deísmo foi lançado com o livro de Herbert, seu "canto do cisne" veio em 1790, com *A idade da razão,* escrito pelo americano Thomas Paine, enquanto este estava na prisão por ordem de Robespierre. O deísmo, porém, nunca foi um movimento organizado. Era uma idéia que floresceu muito fortemente na França por causa da desilusão e do descontentamento provocados pelo reinado de Luís XIV. Um de seus grandes advogados foi Voltaire, que conheceu o deísmo inglês quando visitou a Inglaterra em 1726; já comprometido com um realismo anticristão, ele voltou em 1728 para escrever suas *Cartas filosóficas,* que expunham as idéias deístas, e mais tarde, em 1760, seu *Dicionário filosófico,* que se transformou no que um comentarista classificou de "um compêndio de malícia" contra o cristianismo. Foi logo depois disso que o filósofo e teórico político Jean-Jacques Rousseau também apoiou o deísmo em seu romance *Émile* (1762) e em seu livro *O contrato social,* do mesmo ano.

Outra perspectiva análoga foi o que veio a ser chamado de ceticismo. Parece ter sido estabelecido na França em 1697, quando Pierre Bayle publicou seu *Dicionário histórico e crítico,* um volume de biografias críticas e algumas vezes picantes, destinadas a demolir os "vícios da religião". Assim, em relação a uma personagem do Velho Testamento como o rei Davi, Bayle mostrou como sua vida tinha sido moralmente ofensiva para então comentar que, apesar disso, o relato bíblico se refere ao rei como um homem chegado ao coração de Deus. O livro teve enorme sucesso.

Quase meio século antes, o filósofo John Locke aplicou os métodos de Galileu e Newton ao estudo do homem em seu *Ensaio sobre a compreensão humana* (1690). Nele Locke se dedicou a encontrar a finalidade e as limitações do conhecimento humano e sugeriu que todo o conhecimento surge da experiência, de sensações ordenadas pela reflexão; não há idéias inatas, não há inspiração divina ou presente herdado de um pecado original, e todas as crianças nascem com uma "mente como uma lousa em branco". É o ambiente, dizia Locke, que torna o homem o que ele é; melhore o ambiente e você melhorará o homem.

O fim do século XVII e todo o século XVIII foram, portanto, tempos de mudanças filosóficas, alterações da visão do homem sobre si mesmo e um ataque àquelas que, por longo tempo, tinham sido as crenças mais caras ao cristianismo ocidental. Na França, isso foi mais além do que em qualquer outro lugar, e o ateísmo foi proposto abertamente. O médico Julien La Mettrie escreveu um livro intitulado *O homem-máquina* (1747), condensando uma visão totalmente materialista; o homem era reduzido a nada mais que matéria em movimento, e La Mettrie prosseguia, dizendo: "Quando obedecemos a nossos instintos primitivos, não estamos cometendo um crime, mais do que o Nilo com suas inundações, ou o mar com suas devastações". Essa atitude foi adotada pelo *philosophe* Denis Diderot que, com Jean d'Alembert (matemático e secretário permanente da Academia Francesa), editou a famosa *Enciclopédia ou dicionário classificados de ciências, artes e comércio,* um compêndio do novo pensamento racionalista que continha severas críticas à religião e ao *establishment.* Os 28 volumes desse trabalho apareceram entre 1751 e 1772, e outros cinco em 1776 e 1777. Sua influência foi imensa.

Foi sob a influência dessa mistura de pontos de vista ateístas, céticos e deístas no novo e revolucionário pensamento do Iluminismo que o *Sistema da natureza* de Lineu foi examinado por uma série de influentes biólogos franceses. Não era para eles um caminho que seguisse os passos de Deus; a jornada deles era de puro materialismo. Notável entre eles foi Pierre Maupertuis, que, nas décadas de 1740 e 1750, sugeriu que as explicações biológicas deviam ser dadas em termos de partículas em movimento, e que eram elas tanto de animais masculinos como de femininos, inclusive o homem, que determinavam como seriam a prole. Para ele não havia estabilidade de espécies; as que podiam ser observadas não eram exemplos de perfeição divina, apenas o produto de uma natureza mecânica. Seus pontos de vista eram acompanhados por Diderot, que sugeria apenas uma mudança: preferia "filamentos" a partículas, devido, talvez, aos desenhos dos espermatozóides de Leewenhoek que ele tinha visto. Mas talvez o mais avançado dos biólogos franceses, cujo trabalho foi feito todo no século XVIII, tenha sido Georges Leclerc, o conde de Buffon. Nascido em Montbard, perto de Dijon, em 1707, era um homem rico que vivia em Paris, mas passava todos os verões na sua propriedade de Montbard, onde observava a natureza e lia avidamente sobre história natural. Gradualmente reuniu uma vasta quantidade de material que colecionou e publicou entre 1749 e 1788, ano de sua morte, em não menos que 36 volumes, sob o simples título de *História natural, geral e particular*. Outros oito volumes apareceram postumamente. Esse vasto trabalho continha suas idéias sobre a história da Terra, dentre as quais sua aceitação dos fósseis como provas não apenas de vida animal, mas também de espécies extintas, embora sua principal importância esteja na idéia da evolução ou mudança das espécies com o tempo. Na verdade, ele chegou a sugerir que deveria haver um ancestral comum para o homem, os macacos e os quadrúpedes. Buffon também indicou que não só o homem, como alguns animais, possuíam órgãos que pareciam não ter utilidade alguma, e ele pensava que isso devia indicar ter havido alguma espécie de modificação.

Com Buffon, chegamos muito perto da teoria da evolução, mas não o bastante para permitir que alguém a formulasse em detalhes. Era necessário mais trabalho; isso devia ser feito por Lamarck e outros e, finalmente, é claro, por Charles Darwin. Mas um relato sobre isso cabe muito melhor num estudo sobre o século XIX.

Bibliografia

Observações importantes sobre as revoluções no pensamento científico podem ser encontradas em um livro bastante especializado, *The structure of scientific revolution,* de Thomas Kuhn, segunda edição, Chicago e Londres, 1970.

Capítulo 7 — *Da Renascença à Revolução Científica*

Um livro de caráter genérico sobre alguns cientistas da Renascença é *Six wings,* de George Sarton, Indiana, 1957, e Londres, 1958. Entre as biografias estão: *Copernicus, the founder of modern astronomy,* de Angus Armitage, Londres, 1938, e, bem mais avançados, *Andreas Vesalius of Brussels, 1514-1564,* de C.D. O'Malley, Berkeley, 1964, e *Paracelsius,* de Walter Pagel, Londres, 1958.

Capítulo 8 — *Os séculos XVII e XVIII*

As biografias são muito numerosas para esse período e apenas uma seleção é dada a seguir:

The life and times of Tycho Brahe, de J. A. Gade, Princeton, 1947.

Tycho Brahe, de J. L. E. Dreyer, Nova York, 1963 (reimpressão).

Galileo, de Colin A. Ronan, Nova York e Londres, 1974.

Galileo at work, his scientific biography, de Stillman Drake, Chicago e Londres, 1978.

Edmond Halley, genius in eclipse, de Colin A. Ronan, Nova York, 1969, Londres, 1970.

The life of William Harvey, de Geoffrey Keynes, Oxford, 1966.

William Harvey, the man, the physician, the scientist, de Kenneth D. Keele, Londres, 1965.

The Herschel chronicle, de Constance A. Lubbock, Cambridge, 1933.

William Herschel, de Angus Armitage, Nova York e Londres, 1962.

William Herschel, pioneer of sideral astronomy, de Michael W. Hoskin, Nova York e Londres, 1959.

Robert Hooke, de Margaret Espinasse, Londres, 1956.

Johannes Kepler, de Angus Armitage, Londres, 1966.

Kepler, de Max Caspar, trad. de Doris Hellman, Nova York e Londres, 1959.

Measuring the invisible world, the life and works of Antoni van Leeuwenhoek, de A. Schierbeek, Nova York e Londres, 1959.

The Complet naturalist. A life of Linnaeus, de Wilfrid Blunt, Londres, 1971.

Never at rest. A biography of Isaac Newton, de Richard S. Westfall, Cambridge e Nova York, 1980.

Joseph Priestley: adventurer in science and champion of truth, de F. W. Gibbs, Londres, 1965.

Índice analítico e onomástico

Os números das páginas referentes às legendas das ilustrações estão em itálico.